小学校 算数
「学び合い」を成功させる課題プリント集

西川 純・木村 薫
編著

2年生

本書の特徴

　『学び合い』は成績が上がります。特に、全国学力テスト（全国学力・学習状況調査）の点数は驚異的に上がります。

　ある小学校をサポートしました。『学び合い』の良さを分かっていただき、学校全体として『学び合い』に取り組むようになりました。その後、新しい校長が赴任してきました。その校長は以前より『学び合い』の授業を参観している方で、その良さを分かっていただいています。そこでの会話です。

校長：『学び合い』の良さは分かりますが、学力は上がらないですね？
私：それは前校長も、先生方も学力を上げることを求めなかったからです。
校長：成績で結果を出さなければ、駄目ですよ。
私：私自身は以前より成績を上げようと提案したのですが、人間関係の向上に先生方の意識が向いていて乗り気になっていただけませんでした。本当は、さらに一歩高い人間関係をつくるには成績向上を目指さなければなりません。校長がお望みならば、是非、やらせてください。
　　ただし、最初にお伺いします。校長が向上をお望みの学力とは何ですか？　具体的には、平常の単元テストですか？　県配信テストですか？　全国学力テストですか？
校長：全国学力テストです。
私：分かりました。3つのことをやっていただければ、向上させることをお約束します。
　　第一に、校長先生が職員に全国学力テストの点数を上げることを求め、納得させてください。これは我々にはできません。
　　第二に、職員の方々が子どもたちに全国学力テストの点数を上げることを求めてください。つまり、このことを本気でやっていただくように校長から職員の方々を納得させてください。
　　第三に、我々が課題をつくります。『学び合い』でそれを使ってください。
校長：分かりました。

　その結果、全国学力テストを受けないクラスも含めて、先生方は子どもたちにテストの点数を上げるように求めました。
　一年後。全国学力テストで約20ポイントの向上が見られました。数ポイントで一喜一憂している方々にはビックリですね。その他の学年のクラスでもNRTや単元テストの点数が10ポイント以上の向上が見られました。
　すべては私が校長に求めた3つがポイントなのです。
　まず、第三のポイントを説明いたします。
　全国学力テストの通過率を調べると、それほど難しくないのに通過率が低い問題があります。どんな問題でしょうか？
　記述する問題です。
　単に計算するという問題の場合、普段の単元テストの成績と一致しています。ところが、記述問題になったとたんに通過率が低くなります。何故かといえば、普段の授業でも単元テストでも、そのような問題は解答に時間がかかるので避けられる傾向があります。だから、子どもたちは経験していないのです。

ところが全国学力テストB問題は、A問題とは異なりただ答えを出すだけでなく、記述式で「～わけを、言葉や式をつかって書きましょう。」という、解き方を言葉や式で表現する問題が数多く出題されます。

　解き方や公式を機械的に覚えていけば簡単な計算問題などには対応することができます。しかし、答えを出すだけでなく、なぜそうなるのかを表現しなければならないのです。記述式問題になると、正答率は5割程度になってしまいます。無答率はおおむね1割に満たない程度です。何を聞かれていて、何を書けばよいか分からないけれどとりあえず何か書いておく、または何も書かないというようになってしまうのです。それには、やはり、日々の授業中においてその計算の仕方や、公式の意味、出てくる数値の意味を記述していくといった練習を数多くこなす必要があります。

　本課題集には記述問題を多く入れました。それらは大きく分けて二つに分かれます。

　第一に、問題の解き方などを記述させる問題です。例えば、以下のような問題です。

❷ 6＋8のけいさんのしかたをことばでかきましょう。3にんにせつめいし、なっとくしてもらえたらサインをもらいましょう。

［けいさんのしかた］

　しかし、問題のレベルが高い場合、どう書けばいいか成績上位層でも迷うことがあります。そこで第二のタイプの問題を用意しました。先に解を与えて、なぜそうなるかを問う課題を与えるということです。漠然と説き方を聞かれても、分からない子は分かりません。なので、先に解を与え、その過程を考えさせるのです。今までは、わけの分からない時間を経て、公式や解き方を覚えていました。それを先に公式や、答えが分かり、それはどう導けるかを考えるようにしていくのです。塾や通信教育で学んでいる子どもも、公式や解き方は覚えていますが、なぜそうなるかということまでは学んでいないことが多いのです。このことを踏まえた課題に取り組むことによって、一つ一つの計算の仕方の意味や、公式の意味、数値の意味を理解して言葉でまとめるといったことができるようになってきます。

❷ 48－4＝44になります。このけいさんのしかたをかきましょう。ただし「十のくらい」「一のくらい」ということばをつかいましょう。3人にせつめいし、なっとくしてもらえたらサインをもらいましょう。

✎ ともだちのサイン

　このような記述式に対応する力は、低学年、中学年ではあまり扱われません。しかし、それらの力が算数において重要な力であることは言うまでもないことです。式の意味や計算の仕方を言葉で書いたり、

説明したりする活動を多くこなすことによって、なぜそうなるかを考える習慣を身に付けたり、言葉や式で表現することに抵抗感なく取り組めるようになったりすることができます。また、理由を言語化してみる、人に伝わる形で表してみるということは、自身の理解を確かにしていくことに大いに役に立ちます。あやふやなことを、文章にしていくことや人に伝えていくことによって、より正確な理解へとつながっていくのです。

　本書は、『学び合い』を成功させる課題プリント集で、日々の授業で使っていただくことを想定しています。課題は、「～ができる、～を解くことができる」というものだけではありません。多くが、「～を解き3人に説明し、納得してもらえたらサインをもらう」「式の意味や計算の仕方を言葉で書き、書いたものを3人に説明し納得してもらえたらサインをもらう」というものです。
　問題解決的な授業として、教科書を見せずに、漠然と「計算の仕方を考えよう」と教師が提示して「自力解決」を促し、その後全体で交流する、といった授業も行われています。しかし、これでは、分からない子は分からないまま自力解決のときには、ボーッとしています。結局「自力解決」できるのは、塾や通信教育で学校の授業を先に勉強している子どもだけです。その子たち数人が、教師に解き方を説明し、教師はそれを笑顔でうなずきながら板書をします。分からなかった子どもたちは、何かよく分からないまま、教師が板書したことをノートに写します。そして、よく意味も分からない公式や計算の仕方をこういうものだと思い、なんとなく覚えていくのです。
　このような授業は、誰の役にも立っていません。分かる子は、もっと分かっている教師に説明しているだけです。分からない子は分からないままです。
　では、どうすればよいのか。
　先に述べたとおり、解き方を文章化したり、友達に伝えたりすることによって、理解を確かなものにしていくことです。分からない子も、友達の説明を聞くことによって分かるようになっていきます。そして、最初は分からなかった子も「全員が説明できるようになる。」という課題のもと、自分の言葉で人に説明できるために学習に取り組んでいくのです。
　まさに『学び合い』でやっていることです。
　このように、言葉でまとめる練習をしたり、子ども同士で説明し合ったりという問題を数多く入れています。説明が正しければサインをもらえます。正しくないのにサインをしている姿は『学び合い』の「一人も見捨てない」に反していることを、教師は語らなければなりません。1時間ごとのめあても、「全員が～を説明できるようになる」と提示し、全員が課題を説明できるようになってほしいと願い、クラス全員で実行していきます。
　全国学力テスト直前期に類似問題を数多く行うことによっても、もちろん点数の向上が見られます。しかし、低学年のうちから、言葉で説明するということを繰り返すことによっても、解き方を言葉や式で表現する問題に対応する力を伸ばしていくことができるのです。それ故、本課題集は年間を通して使えるようにしています。

本課題集を活用すれば全国学力テストで点数は上がります。しかし、驚異的な向上を望むならば、まだ足りません。
　私は新校長に、以下を求めました。

> 第一に、校長先生が職員に全国学力テストの点数を上げることを求め、納得させてください。これは我々にはできません。
> 第二に、職員の方々が子どもたちに全国学力テストの点数を上げることを求めてください。つまり、このことを本気でやっていただくように校長から職員の方々を納得させてください。

　全国学力テストの点数が上がらない最大の理由は、子どもたちがテストの点数を上げることに意味を持っていないからです。全国学力テストは平常の単元テストに比べて問題数が多く、記述式が多いのです。途中で「どうでもいい」と思う子が生まれるのは当然です。それらが無答に繋がります。
　100点満点で90点の子どもを95点にするのは困難です。しかし、20点の子どもを50点にすることは容易いでしょう。要はその子がテストの点数を上げようと思い、食らいついていけばいいだけのことです。20点が50点に上がれば30点の上昇です。その子一人でクラス平均を1ポイント上げることができるのです。途中で投げ出す子どもを思い浮かべてください。かなりの上昇が期待できます。
　何故、子どもが全国学力テストで点数を上げようとしないのでしょうか？　それは教師が全国学力テストの点数を上げたいと思っていないからです。もちろん点数が上がったらいいなとは思っているでしょうが、上げるために何かをすること、ましてや子どもに点数を上げることを求めることは「不浄」なように感じていると思います。
　私だったら子どもたちに以下のように語るでしょう。

　『陸上や水泳で、学校を代表して大会に参加する人もいるよね。そんな人は学校のために頑張るし、学校のみんなも応援するよね。みなさんは全国学力テストというテストを受けます。これはみなさん全員が参加する勉強の全国大会です。私はみなさんの勉強する姿を見てすごいと思っています。そのすごさを保護者に自慢したくてうずうずしています。この大会で全国優勝をしましょう！　君たちならできると思います。この大会は団体戦です。一人の例外もなく結果を出したとき優勝できる。つまり、『学び合い』で大事にしている「一人も見捨てない」ということを徹底しているクラスが結果を出せます。つまり、仲間を大事にしている最高のクラスが優勝できるのです。みんなで優勝しましょう！』

　実は全国学力テストの対策としては、詳細な分析を行った優れた類書があります（例えば、『TOSS算数PISA型スキル　No.15 学力B問題（改訂版）』（東京教育技術研究所））。しかし、本書は「記述できる。説明できる」の1点に焦点を当てています。理由はそれが全国学力テスト以外にも汎用性が高いからです。記述し、説明する能力が上がれば、それはNRTや単元テストにも影響する全般的な学力の基礎となるからです。第二に、あまり手を広げても、「伸びしろ」の大きい成績下位層にはそれほど影響がないと判断したからです。

　もし、みなさんが1点でも多く取ろうと思い、記述式に慣れたクラスだったら、どれほどの結果を出せると思いますか？　結果を出せるために手品の種は、たったこれだけです。これだけのことを徹底できれば結果を出せます。

本書の使い方

　本書は、『学び合い』によって進めていきます。全員が課題を達成することを求め、子どもたちに力をつけさせていきます。

> 【準備するもの】
> ・本書の該当単元のワークシートのコピー人数分
> ・本書の該当単元のワークシートの答え1、2枚
> ・クラスの子どものネームプレート

　本書のワークシートをコピーしたものを人数分用意します。また、答えも用意し、教室の前方や後方に置いておき、答え合わせをしたり、分からないときのヒントにできるようにしておきます。
　誰ができて、誰がまだ考え中かを分かるようにネームプレートを使います。黒板にマグネットでできたネームプレートを貼り、できた人は、「まだ」の囲みから、「できた」の囲みに移すようにします。できていない子は「できた」の子に聞きに行けますし、できた子は「まだ」の子に教えに行くことができ、子ども同士の助け合いができるようになります。

【本書を利用した授業の流れ】
（時間は目安です。クラスの実態、課題の難易度によって変わります）

①スタート〜5分ぐらい　（教師が課題を伝える）
　子ども同士が、問題に向き合い、考えたり、教え合ったり、説明し合ったりする時間を多く設けるために、教師が課題を伝える時間は5分以内にします。課題の内容は、あらかじめワークシートに記入してありますので、板書を書き写すといった手間も省きます。この語りでは、「一人も見捨てずに、全員が達成することが目標である」ことを伝えます。そして、そのためには、「分からないから教えて」と自分から動くことがいいことであるということを奨励します。

②5分ぐらい〜30分ぐらい（子どもが動き、グループでの学習が始まる）
　最初は一人一人課題に取り組むために、あまり動きは見られないかもしれません。しかし、「時間内に全員が達成すること」を教師が伝えることによって、子どもたちは自分たちで考えてグループを作るようになります。友達のところに動く、「一緒にしよう」というような声かけ、すぐに課題に取り組む姿、「教えて」と助けを借りる姿、「大丈夫？　分かる？」と友達を助けようとする姿などが見られたら、それを大きな声でクラス全体に広めましょう。
　できた子は、3人に説明したり解答を見て丸つけをしたりします。その後、マグネットを動かし、まだ終わっていない子に教えにいきます。このとき、よく仲の良い子にばかり教えにいくなどグループが

固定化することが考えられます。分からない子は、一人で分からないままということも見られます。教師は「全員達成をするためには、誰に教えにいったり、誰と交流したりすることがいいのかな」と伝えていきます。

③ 30分ぐらい〜40分（めざせ、全員達成！）

　残り10分程度になると課題を達成した子ども、達成していない子どもと分かれてきます。あまりネームプレートが動いていない場合は、終わっている子どもに向けて「みんなが分かるためにはどうしたらいいかな？」「いろいろなところにちらばるのもいいよね」と最後までみんなのためにできることをするよう声をかけます。

　一方、ネームプレートが動いている子が多い場合は、「自分の考えを伝えれば伝えるほど、賢くなるし、友達のためにもなるよ」と、よりみんなが分かることを目指すような声かけを教師がするようにします。達成した子がほとんどで、達成していない子が数人となる場合があります。そのようなときには、「みんなも大勢の友達に囲まれたら勉強しにくいよね」「教えるだけじゃなくて、本当にみんなが分かるためにできることもあるよね」と言い、残りの時間を本当に分かるために使うように言葉かけをします。

　例えば、「説明を紙を見ないで言えるようになるともっといいよね」や「違う問題を自分たちでつくって、計算の仕方を説明してみるのもいいよね」というように言葉かけをすることによって、課題が終わってしまい、教える相手がいない子どもも、友達と交流しながら、理解を確かなものにすることができます。

④ 40分〜45分（成果の振り返り）

　「全員達成」ができたかを振り返ります。学習のまとめはしません。ここで、学習のまとめをしてしまうと、最後に先生がまとめてくれるからと思い、『学び合い』に真剣に取り組まなくなります。従来のなんだかよく分からないけれど、まとめを覚えればよい授業と同じになってしまいます。まとめをしないからこそ、授業中の交流を通して、課題を「全員達成」してみんなで分かることを求めるのです。

　課題を達成していない人がいたときには、次はどのようにすればよいかを子どもたちに考えさせます。そして、教師の「全員達成」をあきらめない気持ちを伝えます。

本書の問題は、株式会社教育同人社より発行している算数ドリルの問題を掲載（一部修正）しております。教育同人社様のご協力に感謝申し上げます。

もくじ

本書の特徴 　2
本書の使い方 　6

Part 1

『学び合い』を成功させる課題プリント集

かだい1　ひょうとグラフ　めあてと課題　12
1　ぜんいんが，ひょうやグラフにあらわし，そのよさをせつめいすることができる。　13

かだい2　たし算のひっ算　めあてと課題　14
1　ぜんいんが，(2けた)＋(2けた)のひっ算のしかたをせつめいすることができる。　17
2　ぜんいんが，(2けた)＋(2けた)のくり上がりのあるひっ算のしかたをせつめいすることができる。　18
3　ぜんいんが，ひっ算のしかたのまちがいを見つけ，正しく計算することができる。　19
4　ぜんいんが，たし算のきまりをせつめいすることができる。　20
5　ぜんいんが，百のくらいにくり上げるたし算のひっ算のしかたをせつめいすることができる。　21
6　ぜんいんが，百のくらいと十のくらいにくり上げるたし算のひっ算のしかたをせつめいすることができる。　22
7　ぜんいんが，(何百)＋(何百)の計算のしかたをせつめいすることができる。　23
8　ぜんいんが，(3けた)＋(1けた，2けた)のひっ算のしかたをせつめいすることができる。　24
9　ぜんいんが，たし算のきまりをせつめいすることができる。　25

かだい3　ひき算のひっ算　めあてと課題　26
1　ぜんいんが，(2けた)－(2けた，1けた)のひっ算のしかたをせつめいすることができる。　29
2　ぜんいんが，(2けた)－(2けた)の，くり下がりのあるひっ算のしかたをせつめいすることができる。　30
3　ぜんいんが，(2けた)－(2けた，1けた)の，くり下がりのあるひっ算のしかたをせつめいすることができる。　31
4　ぜんいんが，ひき算の答えの，たしかめのほうほうをせつめいすることができる。　32
5　ぜんいんが，(百何十何)－(2けた)の，くり下がりのあるひっ算のしかたをせつめいすることができる。　33
6　ぜんいんが，(百何十何)－(2けた)の，くり下がりの2かいあるひっ算のしかたをせつめいすることができる。　34
7　ぜんいんが，(何百)－(何百)，(千)－(何百)の，計算のしかたをせつめいすることができる。　35
8　ぜんいんが，(3けた)－(1けた，2けた)の，ひっ算のしかたをせつめいすることができる。　36

かだい4　長さのたんい　めあてと課題　37
1　ぜんいんが，cmをつかって長さをはかることができる。　39
2　ぜんいんが，はしたの長さをあらわすことができる。　40
3　ぜんいんが，長さのたし算やひき算の計算のしかたをせつめいすることができる。　41

かだい5　3けたの数　めあてと課題　42
1　ぜんいんが，3けたの数の数え方をせつめいすることができる。　44
2　ぜんいんが，3けたの数をよみ，こうせいをせつめいすることができる。　45

- **3** ぜんいんが，3けたの数を，10が何こというあらわし方でせつめいすることができる。　46
- **4** ぜんいんが，1000のいみや，数のならび方をせつめいすることができる。　47
- **5** ぜんいんが，3けたの数の大小のくらべ方をせつめいすることができる。　48

かだい 6　水のかさ　めあてと課題　49

- **1** ぜんいんが，たんい「dL」をつかって，水のかさをあらわすことができる。　51
- **2** ぜんいんが，たんい「L」をつかって，水のかさをあらわすことができる。　52
- **3** ぜんいんが，かさを「dL」であらわしたり，mLがつかわれている入れものを見つけたりすることができる。　53
- **4** ぜんいんが，水のかさのたし算やひき算の計算のしかたをせつめいすることができる。　54

かだい 7　時こくと時間　めあてと課題　55

- **1** ぜんいんが，かかった時間をいったり，時こくのもとめ方をせつめいしたりすることができる。　56
- **2** ぜんいんが，ごぜん・ごごをつけて，時こくをあらわすことができる。　57

かだい 8　長方形と正方形　めあてと課題　58

- **1** ぜんいんが，直線とはどのような線かをせつめいすることができる。　61
- **2** ぜんいんが，三角形と四角形のとくちょうがわかり，見つけ方をせつめいすることができる。　62
- **3** ぜんいんが，直角をかいたり，見つけたりすることができる。　63
- **4** ぜんいんが，長方形はどのような形かをせつめいすることができる。　64
- **5** ぜんいんが，正方形はどのような形かをせつめいすることができる。　65
- **6** ぜんいんが，直角三角形はどのような形かをせつめいすることができる。　66
- **7** ぜんいんが，長方形・正方形・直角三角形をかくことができる。　67

かだい 9　かけ算1　めあてと課題　68

- **1** ぜんいんが，おなじ数ずつあるもののごうけいを，かけ算をつかってあらわすことができる。　72
- **2** ぜんいんが，かけ算の答えが，おなじ数のたし算でもとめられることや，ばいのいみを，せつめいすることができる。　73
- **3** ぜんいんが，みのまわりから，かけ算でのしきであらわせるばめんを見つけて，しきにあらわすことができる。　74
- **4** ぜんいんが，2のだんの九九の答えのもとめ方をせつめいすることができる。　75
- **5** ぜんいんが，2のだんの九九をおぼえ，もんだいをつくることができる。　76
- **6** ぜんいんが，5のだんの九九の答えのもとめ方をせつめいすることができる。　77
- **7** ぜんいんが，5のだんの九九をおぼえ，もんだいをつくることができる。　78
- **8** ぜんいんが，3のだんの九九の答えのもとめ方をせつめいすることができる。　79
- **9** ぜんいんが，3のだんの九九をおぼえ，もんだいをとくことができる。　80
- **10** ぜんいんが，4のだんの九九の答えのもとめ方をせつめいすることができる。　81
- **11** ぜんいんが，4のだんの九九をおぼえ，もんだいをとくことができる。　82
- **12** ぜんいんが，かけ算のきまりを見つけて，せつめいすることができる。　83

かだい 10　かけ算2　めあてと課題　84

- **1** ぜんいんが，6のだんの九九の答えのもとめ方をせつめいすることができる。　88
- **2** ぜんいんが，6のだんの九九をおぼえ，もんだいをとくことができる。　89

3	ぜんいんが，7のだんの九九の答えのもとめ方をせつめいすることができる。	90
4	ぜんいんが，7のだんの九九をおぼえ，もんだいをとくことができる。	91
5	ぜんいんが，8のだんの九九の答えのもとめ方をせつめいすることができる。	92
6	ぜんいんが，8のだんの九九をおぼえ，もんだいをとくことができる。	93
7	ぜんいんが，9のだんの九九の答えのもとめ方をせつめいすることができる。	94
8	ぜんいんが，9のだんの九九をおぼえ，もんだいをといたりつくったりすることができる。	95
9	ぜんいんが，1のだんの九九の答えのもとめ方をせつめいしたり，おぼえたりすることができる。	96
10	ぜんいんが，九九のひょうをつくり，見つけたきまりをせつめいすることができる。	97
11	ぜんいんが，九九をこえたかけ算の計算のしかたをせつめいすることができる。	98

かだい11 10000までの数 めあてと課題　99

1	ぜんいんが，1000より大きい数を数え，正しくかいたりよんだりすることができる。	101
2	ぜんいんが，1000より大きい数の数え方をせつめいすることができる。	102
3	ぜんいんが，文をしきであらわしたり，大小のくらべ方をせつめいしたりできる。	103
4	ぜんいんが，1000より大きい数を，100が何こあつまっているかせつめいできる。	104
5	ぜんいんが，数の線があらわす数のよみ方をせつめいすることができる。	105
6	ぜんいんが，1万や4けたの数をいろいろな見方でいうことができる。	106

かだい12 長さ めあてと課題　107

1	ぜんいんが，長さをmをつかってあらわすことができる。	109
2	ぜんいんが，みのまわりのものの長さをはかり，○m○cmとあらわすことができる。	110
3	ぜんいんが，○m○cmの長さのたし算やひき算の計算のしかたをせつめいすることができる。	111

かだい13 たし算とひき算 めあてと課題　112

1	ぜんいんが，テープ図をつかい，たし算になるか，ひき算になるか，せつめいすることができる。	115
2	ぜんいんが，文しょうもんだいをテープ図をかいてとくことができる①。	116
3	ぜんいんが，文しょうもんだいをテープ図をかいてとくことができる②。	117
4	ぜんいんが，文しょうもんだいをテープ図をかいてとくことができる③。	118
5	ぜんいんが，文しょうもんだいをテープ図をかいてとくことができる④。	119
6	ぜんいんが，数をじぶんできめて，もんだいをつくることができる。	120

かだい14 分数 めあてと課題　121

| 1 | ぜんいんが，$\frac{1}{2}$，$\frac{1}{4}$の大きさについてしり，せつめいすることができる。 | 122 |
| 2 | ぜんいんが，分数を正しくよみとることができる。 | 123 |

かだい15 はこの形 めあてと課題　124

1	ぜんいんが，はこの面の形や面の数をせつめいすることができる。	126
2	ぜんいんが，はこをつくるための面のならびかたをせつめいすることができる。	127
3	ぜんいんが，辺やちょう点が，はこにいくつあるか，せつめいすることができる。	128

Part2 『学び合い』を成功させるプリント・解答集　129

Part 1
『学び合い』を成功させる 課題プリント集

かだい1	ひょうとグラフ　めあてと課題	12
かだい2	たし算のひっ算　めあてと課題	14
かだい3	ひき算のひっ算　めあてと課題	26
かだい4	長さのたんい　めあてと課題	37
かだい5	3けたの数　めあてと課題	42
かだい6	水のかさ　めあてと課題	49
かだい7	時こくと時間　めあてと課題	55
かだい8	長方形と正方形　めあてと課題	58
かだい9	かけ算1　めあてと課題	68
かだい10	かけ算2　めあてと課題	84
かだい11	10000までの数　めあてと課題	99
かだい12	長さ　めあてと課題	107
かだい13	たし算とひき算　めあてと課題	112
かだい14	分数　めあてと課題	121
かだい15	はこの形　めあてと課題	124

かだい1 ひょうとグラフ

	めあて（GOAL）	課題
1	ぜんいんが，ひょうやグラフに あらわし，そのよさを せつめいすることが できる。	❶ どうぶつの数を，ひょうに あらわしましょう。 ❷ どうぶつの数を，○をつかって グラフにあらわしましょう。また，もんだいに 答えましょう。 （きょうかしょのもんだいを ときましょう） ❸ ひょうや グラフに あらわすと，どのようなよさがありますか。それぞれかきましょう。3人にせつめいし，なっとくしてもらえたら，サインをもらいましょう。
2	ぜんいんが，ひょうとグラフの れんしゅうもんだいを とくことが できる。	❶ れんしゅうもんだいを とき，まるつけを しましょう。 （きょうかしょのもんだいを ときましょう）

ひょうとグラフ 1

_____くみ_____ばん 名まえ_____

🏁 ゴール

ぜんいんが, ひょうやグラフに あらわし, そのよさを せつめいすることが できる。

❶ どうぶつの数を,
　ひょうに あらわしましょう。

[どうぶつの数]

名まえ	りす	ポニー	やぎ	うさぎ
数				

❷ どうぶつの数を, ○をつかって グラフにあらわしましょう。
　また, もんだいに 答えましょう。

[どうぶつの数]

りす	ポニー	やぎ	うさぎ

(1) いちばんおおいどうぶつは何ですか。

　　　(　　　　　　　　　)

(2) うさぎは りすよりなんびきおおいですか。

　　　(　　　　　　　　　)

❸ ひょうや グラフにあらわすと, どのようなよさが ありますか。それぞれかきましょう。
　3人にせつめいし, なっとくしてもらえたら, サインをもらいましょう。

✏ ともだちのサイン

かだい2　たし算のひっ算

	めあて（GOAL）	課題
1	ぜんいんが，(2けた)＋(2けた)のひっ算のしかたを　せつめいすることが　できる。	❶ ちあきさんのクラスは，男子が14人，女子が15人です。みんなで何人ですか。 (1) しきをかきましょう。 (2) くらいを　たてにそろえてかいて，計算することがあります。このような計算のしかたを「ひっ算」といいます。(1)の計算をひっ算でしましょう。また，答えもかきましょう。ひっ算のしかたを3人にせつめいし，なっとくしてもらえたら，サインをもらいましょう。 ❷ 16＋31の計算をひっ算でしましょう。 ❸ つぎの計算をひっ算でしましょう。
2	ぜんいんが，(2けた)＋(2けた)のくり上がりのあるひっ算のしかたを　せつめいすることが　できる。	❶ かずえさんは，花だんにアサガオのたねを24こ，ホウセンカのたねを59こ　まきました。あわせて　何このたねを　まきましたか。 (1) しきをかきましょう。 (2) 一のくらいどうしを計算し，10のかたまりができて，上のくらいにうつすことを，「くり上げる」といいます。「くり上げる」ことにちゅういして，もんだいをひっ算でしましょう。また，答えをかきましょう。ひっ算のしかた，くり上がりをわすれないようにするくふうを3人にせつめいし，なっとくしてもらえたら，サインをもらいましょう。 ❷ つぎの計算を　ひっ算でしましょう。
3	ぜんいんが，ひっ算のしかたの　まちがいを見つけ，正しく計算することが　できる。	❶ つぎのひっ算のまちがいを見つけて，正しく計算しましょう。どのようなまちがいをしているか，3人にせつめいし，なっとくしてもらえたら，サインをもらいましょう。 ❷ つぎの計算を　ひっ算でしましょう。

4	ぜんいんが、たし算のきまりを せつめいすることが できる。	❶ つぎの計算をしましょう。 ❷ たし算では、「たされる数と、たす数を入れかえてたしても、答えはおなじになる」というきまりがあります。このきまりがなり立つことを3人にせつめいし、なっとくしてもらえたら、サインをもらいましょう。 ❸ つぎの計算を ひっ算でしましょう。また、たされる数とたす数を入れかえてたして、答えをたしかめましょう。
5	ぜんいんが、百のくらいにくり上げるたし算のひっ算のしかたをせつめいすることができる。	❶ 町ないのそうじをしました。ペットボトルを先月65こ、今月84こ ひろいました。あわせて 何こひろったでしょうか。 （1） しきをかきましょう。 （2） 「くり上がる」ことにちゅういして、もんだいをひっ算でしましょう。また、答えをかきましょう。ひっ算のしかたを3人にせつめいし、なっとくしてもらえたら、サインをもらいましょう。 ❷ つぎの計算を ひっ算でしましょう。
6	ぜんいんが、百のくらいと十のくらいにくり上げる たし算のひっ算のしかたを せつめいすることが できる。	❶ つぎの計算を ひっ算でしましょう。また、ひっ算のしかたを ことばでかきましょう。3人にせつめいし、なっとくしてもらえたら、サインをもらいましょう。 ❷ つぎの計算を ひっ算でしましょう。

7	ぜんいんが，(何百)＋(何百)の計算のしかたを せつめいすることが できる。	❶ 500まいのかみのたばの上に，200まいのかみのたばを かさねます。 （1）あわせて 何まいになるでしょうか。しき，答え，計算のしかたを かきましょう。ただし，計算のしかたには「100のまとまり」ということばを，かならずつかいましょう。 （2）さらに，その上に，300まいのかみのたばをかさねると，ぜんぶで何まいになるでしょうか。計算をひっ算でしましょう。しき，ひっ算，答えをかきましょう。ひっ算のしかたを3人にせつめいし，なっとくしてもらえたら，サインをもらいましょう。 ❷ つぎの計算を ひっ算でしましょう。
8	ぜんいんが，(3けた)＋(1けた，2けた)のひっ算のしかたを せつめいすることが できる。	❶ つぎのたし算のまちがいを見つけて，正しく計算しましょう。どのようなまちがいをしているか，3人にせつめいし，なっとくしてもらえたら，サインをもらいましょう。 ❷ つぎの計算を ひっ算でしましょう。
9	ぜんいんが，たし算のきまりを せつめいすることができる。	❶ たし算では，「たすじゅんじょをかえても 計算できる」というきまりがあります。このきまりがなり立つことを，もんだいをつかって，3人にせつめいし，なっとくしてもらえたら，サインをもらいましょう。 ❷ たすじゅんじょをかえて 計算すると，どのようなよさがあるか，かきましょう。 ❸ 先に計算するしるしの（　　）をつかって，くふうして計算しましょう。
10	ぜんいんが，れんしゅうもんだいを とくことができる①。	❶ れんしゅうもんだいを とき，まるつけをしましょう。 　（きょうかしょのもんだいを ときましょう）
11	ぜんいんが，れんしゅうもんだいを とくことができる②。	❶ 力だめしもんだいを とき，まるつけをしましょう。 　（きょうかしょのもんだいを ときましょう）

たし算のひっ算 1

_____くみ_____ばん　名まえ_____

🏁ゴール
ぜんいんが,（2けた）＋（2けた）のひっ算のしかたを せつめいすることが できる。

❶ ちあきさんのクラスは，男子が 14 人，女子が 15 人です。みんなで 何人ですか。

(1) しきをかきましょう。　　　［しき］＿＿＿＿＿＿＿＿＿＿

(2) くらいをたてにそろえてかいて，計算することがあります。このような計算のしかたを「ひっ算」といいます。(1) の計算をひっ算でしましょう。また，答えもかきましょう。ひっ算のしかたを 3 人にせつめいし，なっとくしてもらえたら，サインをもらいましょう。

［ひっ算］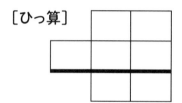

［答え］＿＿＿＿＿＿＿＿＿人

✏ともだちのサイン

❷ 16 ＋ 31 の計算を ひっ算でしましょう。　　　［ひっ算］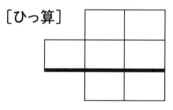

❸ つぎの計算を ひっ算でしましょう。

(1) 27 ＋ 52　　(2) 40 ＋ 38　　(3) 23 ＋ 60　　(4) 30 ＋ 60

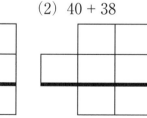 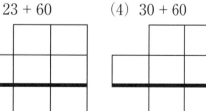

(5) 53 ＋ 4　　(6) 7 ＋ 42　　(7) 30 ＋ 6　　(8) 2 ＋ 60

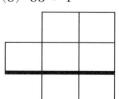 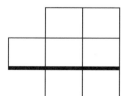 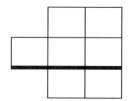 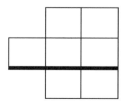

たし算のひっ算 2

＿＿＿くみ＿＿＿ばん　名まえ＿＿＿＿＿＿＿＿

🏁 **ゴール**

> ぜんいんが，（2けた）＋（2けた）のくり上がりのあるひっ算のしかたを せつめいすることが できる。

❶ かずえさんは，花だんにアサガオのたねを24こ，ホウセンカのたねを59こ まきました。あわせて 何このたねを まきましたか。

(1) しきをかきましょう。　　　［しき］＿＿＿＿＿＿＿＿＿＿＿＿＿＿

(2) 一のくらいどうしを計算し，10のかたまりができて，上のくらいにうつすことを，「くり上げる」といいます。「くり上げる」ことにちゅういして,もんだいをひっ算でしましょう。また，答えをかきましょう。ひっ算のしかた，くり上がりをわすれないようにするくふうを3人にせつめいし，なっとくしてもらえたら，サインをもらいましょう。

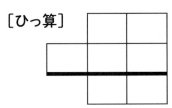

［答え］＿＿＿＿＿＿＿＿＿＿こ

✏️ともだちのサイン

❷ つぎの計算を ひっ算でしましょう。

(1) 18 + 25　　(2) 37 + 46　　(3) 29 + 34　　(4) 46 + 15

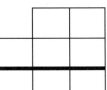 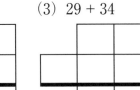 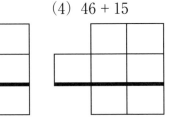

(5) 35 + 39　　(6) 14 + 68　　(7) 59 + 26　　(8) 27 + 44

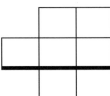 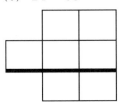 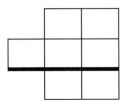 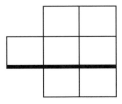

たし算のひっ算 3

＿＿＿くみ ＿＿＿ばん 名まえ＿＿＿＿＿＿＿＿＿＿

🏁 **ゴール**

ぜんいんが，ひっ算のしかたの まちがいを見つけ，正しく計算することが できる。

❶ つぎのひっ算のまちがいを見つけて，正しく計算しましょう。どのようなまちがいをしているか，3人にせつめいし，なっとくしてもらえたら，サインをもらいましょう。

(1) 38 + 42

	3	8
+	4	2
	7	0

(2) 29 + 7

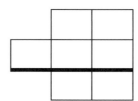

(3) 4 + 29

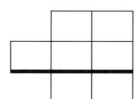

✏ ともだちのサイン ☐ ☐ ☐

❷ つぎの計算をひっ算でしましょう。

(1) 41 + 29　　(2) 55 + 35　　(3) 26 + 8　　(4) 67 + 5

(1) 3 + 78　　(2) 4 + 29　　(3) 86 + 4　　(4) 7 + 63

たし算のひっ算 4

＿＿＿くみ ＿＿＿ばん 名まえ＿＿＿＿＿＿＿＿＿＿

🏁 **ゴール**

ぜんいんが，たし算のきまりを せつめいすることが できる。

❶ つぎの計算をしましょう。

```
  2 3        1 6
+ 1 6      + 2 3
```

❷ たし算では，「たされる数と，たす数を入れかえてたしても，答えはおなじになる」というきまりがあります。このきまりがなり立つことを 3 人にせつめいし，なっとくしてもらえたら，サインをもらいましょう。

✏️ ともだちのサイン

❸ つぎの計算を ひっ算でしましょう。また，たされる数と たす数を入れかえてたして，答えをたしかめましょう。

(1) 33 + 6　　**たしかめ**　　(2) 67 + 19　　**たしかめ**

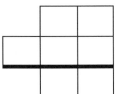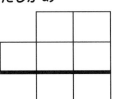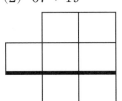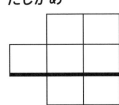

(5) 24 + 56　　**たしかめ**　　(6) 8 + 79　　**たしかめ**

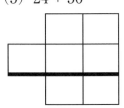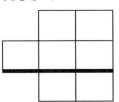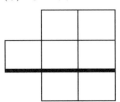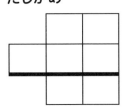

たし算のひっ算 5

_____くみ_____ばん　名まえ_____

🏁 **ゴール**

ぜんいんが，百のくらいにくり上げるたし算のひっ算のしかたを せつめいすることができる。

❶ 町ないのそうじをしました。ペットボトルを先月 65 こ，今月 84 こひろいました。あわせて 何こひろったでしょうか。

(1) しきをかきましょう。　　　［し　き］_____

(2) 「くり上がる」ことにちゅういして，もんだいをひっ算でしましょう。また，答えをかきましょう。ひっ算のしかたを 3 人にせつめいし，なっとくしてもらえたら，サインをもらいましょう。

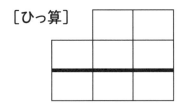

［答　え］_____ こ

❷ つぎの計算を ひっ算でしましょう。

(1) 83 + 56

(2) 68 + 81
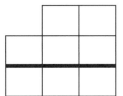

(3) 97 + 72
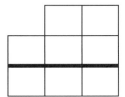

(4) 54 + 64
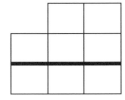

(5) 40 + 98

(6) 82 + 70
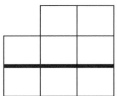

(7) 74 + 32
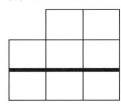

(8) 56 + 50
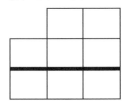

たし算のひっ算 6

_____くみ_____ばん　名まえ_____

🏁 ゴール
ぜんいんが，百のくらいと十のくらいにくり上げる たし算のひっ算のしかたを せつめいすることが できる。

❶ つぎの計算を ひっ算でしましょう。また，ひっ算のしかたを ことばでかきましょう。
3人にせつめいし，なっとくしてもらえたら，サインをもらいましょう。

(1) 87 + 45　　　［ひっ算のしかた］

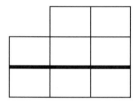

(2) 68 + 52　　　［ひっ算のしかた］

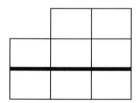

✏ ともだちのサイン

❷ つぎの計算を ひっ算でしましょう。

(1) 76 + 57　　(2) 98 + 96　　(3) 69 + 61　　(4) 26 + 78

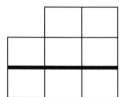 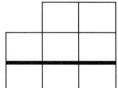  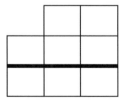

(5) 59 + 47　　(6) 38 + 62　　(7) 97 + 8　　(8) 6 + 94

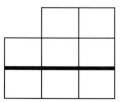 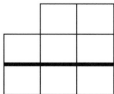 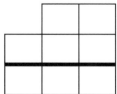 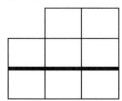

たし算のひっ算 7

_____くみ_____ばん 名まえ_____

🏁ゴール
ぜんいんが，（何百）＋（何百）の計算のしかたを せつめいすることが できる。

❶ 500まいのかみのたばの上に，200まいのかみのたばを かさねます。

(1) あわせて 何まいになるでしょうか。しき,答え,計算のしかたを かきましょう。ただし，計算のしかたには「100のまとまり」ということばを かならずつかいましょう。

[し き]_____ [答 え]_____まい

[計算のしかた]

(2) さらに，その上に，300まいのかみのたばをかさねると，ぜんぶで何まいになるでしょうか。計算をひっ算でしましょう。しき，ひっ算，答えをかきましょう。ひっ算のしかたを3人にせつめいし，なっとくしてもらえたら，サインをもらいましょう。

[し き]_____ [ひっ算]

[答 え]_____まい

[ひっ算のしかた]

✏️ともだちのサイン

❷ つぎの計算をひっ算でしましょう。

(1) 200 + 600

(2) 500 + 90

(3) 800 + 2

たし算のひっ算 8

_____くみ_____ばん　名まえ_____

🏁 **ゴール**

ぜんいんが，(3けた) + (1けた，2けた) のひっ算のしかたを せつめいすることが できる。

❶ つぎのたし算のまちがいを見つけて，正しく計算しましょう。どのようなまちがいをしているか，3人にせつめいし，なっとくしてもらえたら，サインをもらいましょう。

(1) 527 + 4

5	2	7
+	4	
9	2	7

(2) 738 + 23

7	3	8
+		2	3
7	5	1

✏️ ともだちのサイン

❷ つぎの計算を ひっ算でしましょう。

(1) 135 + 4

(2) 376 + 4

(3) 152 + 8

(4) 273 + 29

(5) 526 + 56

(6) 753 + 28

たし算のひっ算 9

＿＿＿＿くみ＿＿＿＿ばん　名まえ＿＿＿＿＿＿＿＿＿＿

🏁 **ゴール**

ぜんいんが，たし算のきまりを せつめいすることができる。

❶ たし算では，「たすじゅんじょをかえても 計算できる」というきまりがあります。この きまりがなり立つことを，もんだいをつかって，3人にせつめいし，なっとくしてもら えたら，サインをもらいましょう。

［もんだい］

赤いつみ木が 49 こ，青いつみ木が 16 こ，白いつみ木が 4 こあります。
つみ木は，ぜんぶで何こありますか。

［せつめい］

❷ たすじゅんじょをかえて 計算すると，どのようなよさがあるか，かきましょう。

❸ 先に計算するしるしの（　　）をつかって，くふうして計算しましょう。

(1)　17 ＋（30 ＋ 20）＝ ☐　　(2)　28 ＋（4 ＋ 36）＝ ☐

(3)　(57 ＋ 13)＋ 9 ＝ ☐　　(4)　5 ＋（16 ＋ 4）＝ ☐

(5)　12 ＋（7 ＋ 13）＝ ☐　　(6)　8 ＋（15 ＋ 25）＝ ☐

(7)　9 ＋（42 ＋ 28）＝ ☐　　(8)　26 ＋（31 ＋ 19）＝ ☐

かだい3 ひき算のひっ算

	めあて（GOAL）	課題
1	ぜんいんが、(2けた) － (2けた, 1けた) のひっ算のしかたを せつめいすることが できる。	❶ 本が78さつあります。25さつ かし出しました。のこりは 何さつですか。 (1) しきをかきましょう。 (2) ひっ算で計算して, 答えをかきましょう。また, ひっ算のしかたを3人にせつめいし, なっとくしてもらえたら, サインをもらいましょう。 ❷ つぎの計算を ひっ算でしましょう。
2	ぜんいんが、(2けた) － (2けた) の、くり下がりのある ひっ算のしかたを せつめいすることが できる。	❶ トマトが36こあります。19こたべました。のこりは何こですか。 (1) しきをかきましょう。 (2) ひっ算で計算します。しかし, 一のくらいどうしの計算ができません。このときにどうすればよいか, かんがえてかきましょう。また, ひっ算のしかたを3人にせつめいし, なっとくしてもらえたら, サインをもらいましょう。 ❷ つぎの計算を ひっ算でしましょう。
3	ぜんいんが、(2けた) － (2けた, 1けた) の, くり下がりのある ひっ算のしかたを せつめいすることが できる。	❶ つぎの計算を ひっ算でしましょう。ひっ算のしかたを3人にせつめいし, なっとくしてもらえたら, サインをもらいましょう。 ❷ つぎの計算を ひっ算でしましょう。
4	ぜんいんが, ひき算の答えの, たしかめのほうほうを せつめいすることが できる。	❶ ひき算では,「答えにひく数をたすと, ひかれる数になる」というきまりがあり, 答えをたしかめることができます。このきまりがなり立つことを, もんだいをつかって3人にせつめいし, なっとくしてもらえたら, サインをもらいましょう。 ❷ つぎの計算を ひっ算でしましょう。また, 答えのたしかめもしましょう。

5	ぜんいんが,(百何十何)－(2けた)の,くり下がりのある ひっ算のしかたを せつめいすることが できる。	❶ 137ページの本を よんでいます。今までに52ページよみました。あと何ページのこっていますか。 (1) しきをかきましょう。 (2) ひっ算で計算して,答えをかきましょう。また,ひっ算のしかたを3人にせつめいし,なっとくしてもらえたら,サインをもらいましょう。 ❷ つぎの計算を ひっ算でしましょう。
6	ぜんいんが,(百何十何)－(2けた)の,くり下がりが2かいある ひっ算のしかたを せつめいすることが できる。	❶ 136－58をひっ算で計算しましょう。ひっ算のしかたを3人にせつめいし,なっとくしてもらえたら,サインをもらいましょう。 ❷ つぎの計算を ひっ算でしましょう。
7	ぜんいんが,(何百)－(何百),(千)－(何百)の,計算のしかたを せつめいすることが できる。	❶ 400円のおかしをかいます。 (1) 百円玉を6まいもっていました。のこりは いくらになるでしょうか。しき,ひっ算,答えをかきましょう。 (2) おにいさんは百円玉を10まいもっていました。おなじおかしをかうとき,のこりはいくらになるでしょうか。しき,ひっ算,答えをかきましょう。また,ひっ算のしかたを3人にせつめいして,なっとくしてもらえたら,サインをもらいましょう。 ❷ つぎの計算を ひっ算でしましょう。
8	ぜんいんが,(3けた)－(1けた,2けた)の,ひっ算のしかたを せつめいすることが できる。	❶ つぎのひっ算には まちがいがあります。まちがいを見つけて,正しく計算しましょう。どのようなまちがいをしているか,どのようなことに気をつけなければならないかを3人にせつめいし,なっとくしてもらえたら,サインをもらいましょう。 ❷ つぎの計算を ひっ算でしましょう。

9	ぜんいんが，ひき算のひっ算のれんしゅうもんだいをとくことができる①。	❶ れんしゅうもんだいを とき，まるつけをしましょう。 （きょうかしょのもんだいを ときましょう）
10	ぜんいんが，ひき算のひっ算のれんしゅうもんだいをとくことができる②。	❶ 力だめしもんだいを とき，まるつけをしましょう。 （きょうかしょのもんだいを ときましょう）

ひき算のひっ算 1

_____くみ_____ばん　名まえ_____

🏁 ゴール

ぜんいんが，(2けた) − (2けた，1けた) のひっ算のしかたを せつめいすることが できる。

❶ 本が 78 さつあります。25 さつ かし出しました。のこりは 何さつですか。

(1) しきをかきましょう。　　　[し　き]_____

(2) ひっ算で計算して，答えをかきましょう。また，ひっ算のしかたを 3 人にせつめいし，なっとくしてもらえたら，サインをもらいましょう。

[ひっ算]

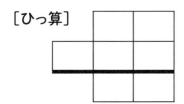

[答　え]_____さつ

✏️ ともだちのサイン

❷ つぎの計算を ひっ算でしましょう。

(1) 38 − 23　　(2) 46 − 24　　(3) 79 − 56　　(4) 57 − 47

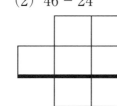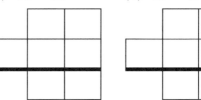

(5) 65 − 20　　(6) 58 − 51　　(7) 95 − 90　　(8) 60 − 20

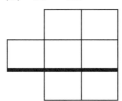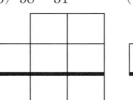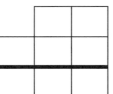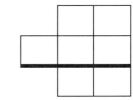

(9) 86 − 5　　(10) 32 − 2　　(11) 59 − 9　　(12) 82 − 80

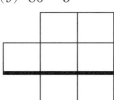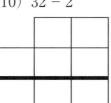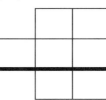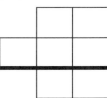

ひき算のひっ算 2

_____くみ_____ばん　名まえ_____

🏁 **ゴール**

ぜんいんが，(2けた)－(2けた)の，くり下がりのある ひっ算のしかたを せつめいすることが できる。

❶ トマトが 36 こあります。19 こたべました。のこりは 何こですか。

(1) しきをかきましょう。

　　　　　　　　　　　　　　　　　　[し　き]_____

(2) ひっ算で計算します。しかし，一のくらいどうしの計算ができません。
　このときにどうすればよいか，かんがえてかきましょう。また，ひっ算のしかたを3
　人にせつめいし，なっとくしてもらえたら，サインをもらいましょう。

[ひっ算]　　　　　　　[一のくらいどうしの計算ができないとき]

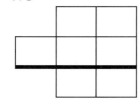

　　　　　　　　　　　　　　　　　　[答　え]_____こ

　✏ ともだちのサイン

❷ つぎの計算を ひっ算でしましょう。

(1) 72－38　　(2) 45－27　　(3) 91－55　　(4) 84－69

 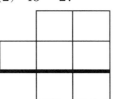 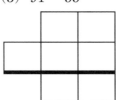 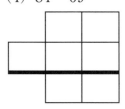

(5) 53－36　　(6) 66－47　　(7) 91－25　　(8) 75－49

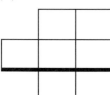 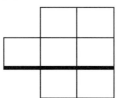 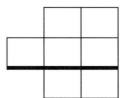 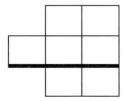

ひき算のひっ算 3

_____くみ_____ばん　名まえ_____

🏁ゴール

ぜんいんが，(2けた) − (2けた，1けた) の，くり下がりのある ひっ算のしかた
を せつめいすることが できる。

❶ つぎの計算を ひっ算でしましょう。ひっ算のしかたを3人にせつめいし，なっとくし
てもらえたら，サインをもらいましょう。

(1) 42 − 15　　　(2) 50 − 37　　　(3) 61 − 6

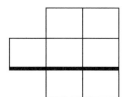　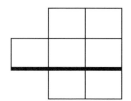　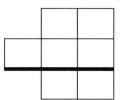

✎ともだちのサイン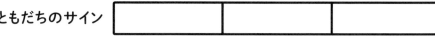

❷ つぎの計算を ひっ算でしましょう。

(1) 40 − 16　　(2) 70 − 38　　(3) 56 − 48　　(4) 90 − 87

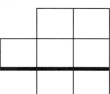　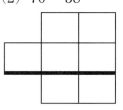　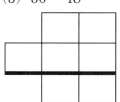　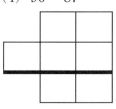

(5) 43 − 4　　(6) 64 − 7　　(7) 90 − 7　　(8) 80 − 3

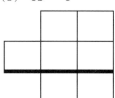　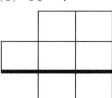　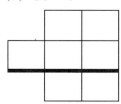　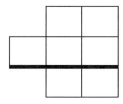

ひき算のひっ算 4

_____くみ_____ばん　名まえ_____

🏁 **ゴール**

ぜんいんが, ひき算の答えの, たしかめのほうほうを せつめいすることが できる。

❶ ひき算では, 「答えにひく数をたすと, ひかれる数になる」 というきまりがあり, 答えをたしかめることができます。このきまりがなり立つことを, もんだいをつかって3人にせつめいし, なっとくしてもらえたら, サインをもらいましょう。

[もんだい]

きょうしつに 33 人いました。16 人がそとへあそびにいきました。
1　きょうしつには, 何人のこっているでしょうか。
2　そとへあそびにいった 16 人がもどると, きょうしつにいる人は, 何人になるでしょうか。

[せつめい]

✏️ ともだちのサイン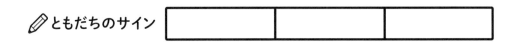

❷ つぎの計算を ひっ算でしましょう。また, 答えのたしかめもしましょう。

(1) 95 − 41　　たしかめ　　　　(2) 53 − 46　　たしかめ

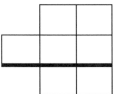 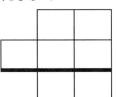  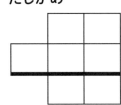

(3) 56 − 9　　たしかめ　　　　(4) 70 − 4　　たしかめ

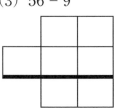 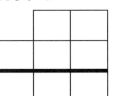 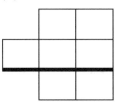 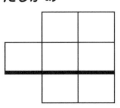

ひき算のひっ算 5

_____くみ_____ばん 名まえ_____

🏁ゴール

ぜんいんが，（百何十何）−（2けた）の，くり下がりのあるひっ算のしかたを せつめいすることが できる。

❶ 137ページの本を よんでいます。今までに 52ページよみました。あと何ページ のこっていますか。

(1) しきをかきましょう。　　　　［し　き］_____

(2) ひっ算で計算して，答えをかきましょう。また，ひっ算のしかたを 3人にせつめいし，なっとくしてもらえたら，サインをもらいましょう。

［ひっ算］　　　　　　　　　［ひっ算のしかた］

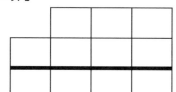

［答　え］_____

✏ともだちのサイン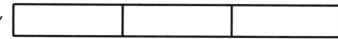

❷ つぎの計算を ひっ算でしましょう。

(1) 143 − 81　　　(2) 125 − 43　　　(3) 166 − 94

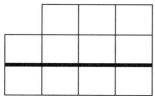 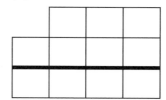 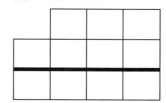

(4) 115 − 22　　　(5) 109 − 62　　　(6) 108 − 28

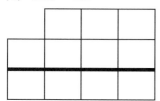  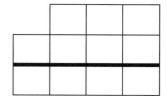

ひき算のひっ算 6

_____くみ_____ばん　名まえ_____

🏁ゴール

ぜんいんが,（百何十何）－（2けた）の, くり下がりの2かいある ひっ算のしかたを せつめいすることが できる。

❶ 136－58 をひっ算で計算しましょう。ひっ算のしかたを3人にせつめいし, なっとくしてもらえたら, サインをもらいましょう。

［ひっ算］　　　　　　　　　［ひっ算のしかた］

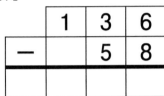

ともだちのサイン

❷ つぎの計算を ひっ算でしましょう。

(1) 143－47　　(2) 145－79　　(3) 193－94

 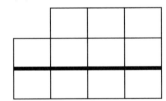 

(4) 140－48　　(5) 105－76　　(6) 101－43

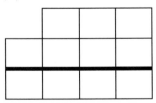 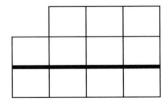 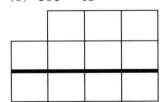

(7) 107－8　　(8) 100－6

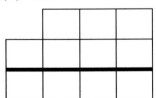 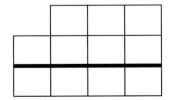

ひき算のひっ算 7

_____くみ_____ばん 名まえ_____

🏁ゴール
ぜんいんが,（何百）－（何百）,（千）－（何百）の, 計算のしかたを せつめいすることが できる。

❶ 400円のおかしをかいます。

(1) 百円玉を6まいもっていました。のこりは いくらになるでしょうか。しき, ひっ算, 答えをかきましょう。

[し　き]_____

[答　え]_____

[ひっ算]

(2) おにいさんは百円玉を10まいもっていました。おなじおかしをかうとき, のこりは いくらになるでしょうか。しき, ひっ算, 答えをかきましょう。また, ひっ算のしかたを3人にせつめいして, なっとくしてもらえたら, サインをもらいましょう。

[し　き]_____

[答　え]_____

[ひっ算]

✎ともだちのサイン

❷ つぎの計算を ひっ算でしましょう。

(1) 700 － 200

(2) 800 － 600

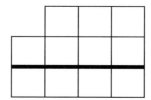

(3) 1000 － 700

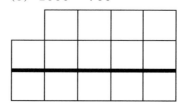

ひき算のひっ算 8

_____くみ _____ばん 名まえ_____

🏁 ゴール
ぜんいんが，（3けた）－（1けた，2けた）の，ひっ算のしかたを せつめいすることが できる。

❶ つぎのひっ算には まちがいがあります。まちがいを見つけて，正しく計算しましょう。どのようなまちがいをしているか，どのようなことに気をつけなければならないかを3人にせつめいし，なっとくしてもらえたら，サインをもらいましょう。

(1) 506 − 3

```
  5 0 6
−   3
  2 0 6
```

[正しい計算]

(2) 467 − 59

```
  4 6 7
−   5 9
  4 1 8
```

[正しい計算]

✏️ ともだちのサイン

❷ つぎの計算を ひっ算でしましょう。

(1) 543 − 7   (2) 426 − 18   (3) 250 − 24

かだい4 長さのたんい

	めあて（GOAL）	課題
1	ぜんいんが、cmをつかって長さをはかることができる。	❶ 1めもりが1cmのものさしをつかって、えんぴつの長さをはかりました。 （1） 長さのたんいのcmをかきましょう。 （2） えんぴつの長さは、9cmです。なぜ、そういえるのでしょうか。りゆうをかきましょう。 ❷ つぎの線の長さを はかりましょう。長さのはかり方と、長さのりゆうを3人にせつめいし、なっとくしてもらえたら、サインをもらいましょう。
2	ぜんいんが、はしたの長さを あらわすことができる。	❶ このテープの長さは9cm5mmとあらわすことができます。なぜ、そのようにあらわすことができるか、りゆうをかきましょう。また、1mmとはどんな長さかもかきましょう。かいたことを3人にせつめいし、なっとくしてもらえたら、サインをもらいましょう。 ❷ （ ）にあてはまる数をかきましょう。 ❸ つぎの長さの直線を ひきましょう。
3	ぜんいんが、長さのたし算やひき算の計算のしかたを せつめいすることが できる。	❶ 右の図の⑦、⑦の線の長さをそれぞれもとめましょう。長さをもとめるしきと答え、計算のしかたをかきましょう。 ❷ ⑦と⑦の線の長さのちがいを もとめましょう。長さのちがいを求めるしきと答え、計算のしかたをかきましょう。 ❸ ❶❷の計算のしかたを3人にせつめいし、なっとくしてもらえたら、サインをもらいましょう。 ❹ つぎの計算をしましょう。
4	ぜんいんが、長さのれんしゅうもんだいを とくことができる①。	❶ れんしゅうもんだいをとき、まるつけをしましょう。 （きょうかしょのもんだいを ときましょう）

| 5 | ぜんいんが，長さのれんしゅうもんだいを とくことができる②。 | ❶ 力だめしもんだいをとき，まるつけをしましょう。
（きょうかしょのもんだいを ときましょう） |

長さのたんい 1

＿＿＿くみ ＿＿＿ばん 名まえ＿＿＿＿＿＿＿＿

🏁ゴール

ぜんいんが，cmをつかって長さをはかることができる。

❶ 1 めもりが 1 cm のものさしをつかって，えんぴつの長さをはかりました。

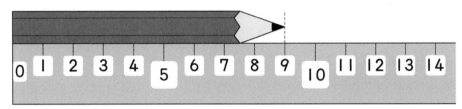

(1) 長さのたんいの cm をかきましょう。

( )

(2) えんぴつの長さは,9 cm です。なぜ,そういえるのでしょうか。りゆうをかきましょう。

❷ つぎの線の長さを はかりましょう。長さのはかり方と，長さのりゆうを 3 人にせつめいし，なっとくしてもらえたら，サインをもらいましょう。

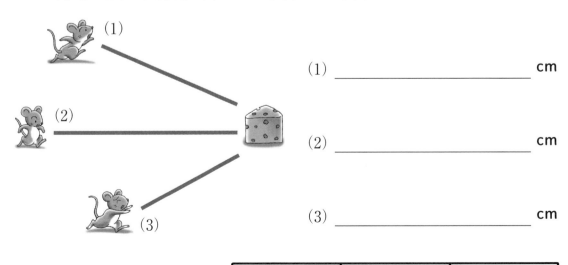

(1) ＿＿＿＿＿＿＿＿＿ cm

(2) ＿＿＿＿＿＿＿＿＿ cm

(3) ＿＿＿＿＿＿＿＿＿ cm

✏ともだちのサイン

長さのたんい 2

_____くみ_____ばん　名まえ_____

🏁ゴール

ぜんいんが、はしたの長さを あらわすことができる。

❶ このテープの長さは 9cm 5mmとあらわすことができます。なぜ、そのようにあらわすことができるか、りゆうをかきましょう。また、1mmとはどんな長さかもかきましょう。かいたことを 3 人にせつめいし、なっとくしてもらえたら、サインをもらいましょう。

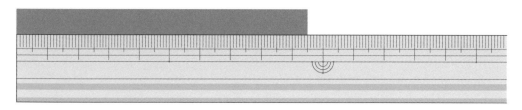

[りゆう]

✏️ともだちのサイン

❷ （　）にあてはまる数を かきましょう。

(1) 8 cm = （　　　　　）mm

(2) 4 cm 8 mm = （　　　　　）mm

❸ つぎの長さの直線を ひきましょう。

(1) 7 cm 4 mm

(2) 6 cm 8 mm

長さのたんい 3

_____くみ_____ばん 名まえ_____

🏁ゴール
ぜんいんが，長さのたし算やひき算の計算のしかたを せつめいすることが できる。

❶ 右の図の㋐，㋑の線の長さをそれぞれもとめましょう。長さをもとめるしきと答え，計算のしかたをかきましょう。

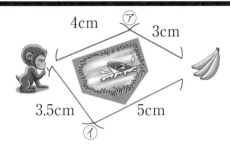

㋐ [し　き]_____ [答　え]_____

㋑ [し　き]_____ [答　え]_____

[計算のしかた]

❷ ㋐と㋑の線の長さのちがいを もとめましょう。長さのちがいをもとめるしきと答え，計算のしかたをかきましょう。

　　[し　き]_____ [答　え]_____

[計算のしかた]

❸ ❶❷の計算のしかたを3人にせつめいし，なっとくしてもらえたら，サインをもらいましょう。

　　　　✏️ともだちのサイン | | | |

❹ つぎの計算をしましょう。

(1) 3mm + 4cm 5mm = ☐

(2) 7cm 4mm − 3mm = ☐

かだい 5　3けたの数

	めあて（GOAL）	課題
1	ぜんいんが，3けたの数の数え方を せつめいすることが できる。	❶ 図のブロックの数は 327 こです。このことを「100 のまとまり」「10 のまとまり」「ばら」ということばをつかってかきましょう。 ❷ つぎのえを見て，数を数字でかきましょう。どのようにして数えたのか，「100 のまとまり」「10 のまとまり」「ばら」ということばをつかって 3 人にせつめいし，なっとくしてもらえたら，サインをもらいましょう。 ❸ つぎのかん字でかかれた数を 数字でかきましょう。
2	ぜんいんが，3けたの数をよみ，こうせいをせつめいすることが できる。	❶ つぎの数は，いくつをあらわしていますか。百のくらい，十のくらい，一のくらいに数字をかきましょう。 ❷ （　）にあてはまる数をかきましょう。 ❸ 357 を 2 とおりのいいかたでせつめいします。2 とおりのせつめいをかきましょう。また，文にあうようにしきをかきましょう。かいたものを 3 人にせつめいし，なっとくしてもらえたら，サインをもらいましょう。
3	ぜんいんが，3けたの数を，10 が何こというあらわし方で せつめいすることが できる。	❶ 250 について，100 が何こ，10 が何こか かきましょう。 ❷ 250 について，10 を何こあつめた数か かきましょう。また，そうかんがえたりゆうをかきましょう。3 人にせつめいし，なっとくしてもらえたら，サインをもらいましょう。 ❸ （　）にあてはまる数を かきましょう。
4	ぜんいんが，1000 のいみや，数のならび方を せつめいすることが できる。	❶ 1000 とはどのような数か，せつめいをかきましょう。 ❷ つぎの（　）に数をかきましょう。 ❸ つぎの数直線で（　）にあてはまる数をかきましょう。なぜ，その数をかいたのか，3 人にせつめいし，なっとくしてもらえたら，サインをもらいましょう。

5	ぜんいんが，3けたの数の大小のくらべ方をせつめいすることができる。	❶ 3けたの数の大小をくらべます。 　(1) 402 ＞ 240　　(2) 376 ＜ 387　とあらわすことができます。3けたの数の大小をくらべるときには，どのようにして くらべればよいか，せつめいをかきましょう。 ❷ どちらの数が大きいでしょうか。＞，＜，=をつかってあらわしましょう。また，どのようにして大小をくらべたか，3人にせつめいし，なっとくしてもらえたら，サインをもらいましょう。
6	ぜんいんが，1000までの数のれんしゅうもんだいを とくことができる。	❶ 力だめしもんだいをとき，まるつけをしましょう。 　（きょうかしょのもんだいを ときましょう）

3けたの数 1

＿＿＿くみ＿＿＿ばん　名まえ＿＿＿＿＿＿＿＿

🏁 ゴール

ぜんいんが，3けたの数の数え方を せつめいすることが できる。

❶ 図のブロックの数は 327 こです。このことを「100のまとまり」「10のまとまり」「ばら」ということばをつかってかきましょう。

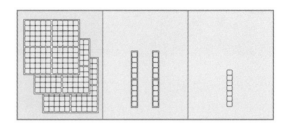

[せつめい]

❷ つぎのえを見て，数を数字でかきましょう。どのようにして数えたのか，「100のまとまり」「10のまとまり」「ばら」ということばをつかって3人にせつめいし，なっとくしてもらえたら，サインをもらいましょう。

(1)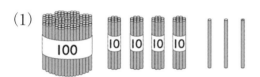

＿＿＿＿＿＿＿＿＿＿ 本

(2)

＿＿＿＿＿＿＿＿＿＿ まい

✏️ ともだちのサイン | | | |

❸ つぎのかん字でかかれた数を 数字でかきましょう。

(1) 八百九十四　　(2) 六百二十　　(3) 五百

（　　　　　）（　　　　　）（　　　　　）

3けたの数 ❷

_____くみ_____ばん　名まえ_____

🏁 **ゴール**

ぜんいんが，3けたの数をよみ，こうせいを せつめいすることが できる。

❶ つぎの数は，いくつをあらわしていますか。百のくらい，十のくらい，一のくらいに数字をかきましょう。

(1)

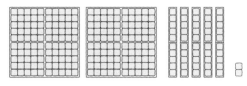

百のくらい	十のくらい	一のくらい

(2)

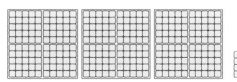

百のくらい	十のくらい	一のくらい

❷ (　　) にあてはまる数をかきましょう。

(1) 100を3こ，10を6こ，1を4こあわせた数は，(　　　　　) です。

(2) 百のくらいが5，十のくらいが1，一のくらいが0の数は，(　　　　　) です。

❸ 357を2とおりのいいかたでせつめいします。2とおりのせつめいをかきましょう。また，文にあうようにしきをかきましょう。かいたものを3人にせつめいし，なっとくしてもらえたら，サインをもらいましょう。

(1) 357は _____

(2) 357は _____

(3) 357は，300と50と7をあわせた数です。

357 = (　　　　) + (　　　　) + (　　　　)

✏ ともだちのサイン　|　　　|　　　|　　　|

3けたの数 ③

_____くみ_____ばん 名まえ_____

🏁 **ゴール**
ぜんいんが,3 けたの数を,10 が何こというあらわし方で せつめいすることが できる。

❶ 250 について,100 が何こ,10 が何こか かきましょう。

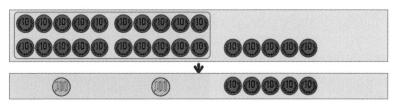

(1) 250 は,100 を (   ) こと,10 を (   ) こ あわせた数。

❷ 250 について,10 を何こあつめた数か かきましょう。また,そうかんがえたりゆうを かきましょう。3 人にせつめいし,なっとくしてもらえたら,サインをもらいましょう。

(1) 250 は,10 を (   ) こ あつめた数

[考えたりゆう]

✏ ともだちのサイン | | | |

❸ (   ) にあてはまる数をかきましょう。

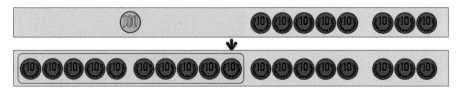

(1) 180 は,100 を (   ) こと,10 を (   ) こ あわせた数。

(2) 180 は,10 を (   ) こ あつめた数。

(3) 10 を 50 こ あつめた数は,(   )。

(4) 800 は,10 を (   ) こ あつめた数。

3けたの数 4

＿＿＿くみ ＿＿＿ばん　名まえ＿＿＿＿＿＿＿＿＿＿

🏁ゴール
ぜんいんが，1000のいみや，数のならびかたを せつめいすることが できる。

❶ 1000とは どのような数か，せつめいをかきましょう。

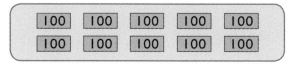

❷ つぎの（　）に数をかきましょう。

(1) 800はあと（　　　　　　　）で1000になります。

(2) 1000より100小さい数は，（　　　　　　）です。

(3) 1000より2小さい数は，（　　　　　　）です。

(4) 870は，（　　　　　　）と70を あわせた数です。

(5) 870は，（　　　　　　）より30小さい数です。

(6) 870は，10を（　　　　　　）こ あつめた数です。

❸ つぎの数直線で（　）にあてはまる数をかきましょう。なぜ，その数をかいたのか，3人にせつめいし，なっとくしてもらえたら，サインをもらいましょう。

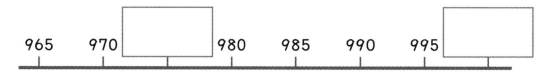

✏️ともだちのサイン

3けたの数 ⑤

_____くみ_____ばん 名まえ_____

🏁 **ゴール**

ぜんいんが，3けたの数の大小のくらべ方を せつめいすることが できる。

❶ 3けたの数の大小をくらべます。

(1) 402 ＞ 240 (2) 376 ＜ 387 とあらわすことができます。3けたの数の大小を くらべるときには，どのようにして くらべればよいか，せつめいをかきましょう。

[せつめい]

❷ どちらの数が大きいでしょうか。＞，＜，＝をつかってあらわしましょう。また，どのようにして大小をくらべたか，3人にせつめいし，なっとくしてもらえたら，サインをもらいましょう。

(1) 294 ☐ 356　　(2) 880 ☐ 875

(3) 401 ☐ 409　　(4) 102 ☐ 99

(5) 100 ☐ 40 + 60　　(6) 110 − 30 ☐ 81

(7) 899 ☐ 998　　(8) 530 ☐ 503

✏️ ともだちのサイン ☐ ☐ ☐

かだい 6　水のかさ

	めあて（GOAL）	課題
1	ぜんいんが，たんい「dL」をつかって，水のかさを あらわすことができる。	❶ 2つの水とうに入る水のかさを くらべようとおもいます。しかし，それぞれの水とうのコップをつかって くらべることはできません。それはなぜでしょうか。りゆうをかきましょう。 ❷ どのようにすれば，2つの水とうに入る水のかさをくらべることができるか かんがえて，かきましょう。 ❸ 水などのかさは，1デシリットルがいくつ分あるかであらわします。デシリットルはかさのたんいで，「dL」とかきます。1dLますをつかって，みのまわりのものの水のかさを3つはかります。よそうをしてからはかりましょう。水のかさは「dL」をつかってあらわしましょう。3人にしょうかいし，サインをもらいましょう。
2	ぜんいんが，たんい「L」をつかって，水のかさを あらわすことができる。	かさは もとにする ますをつかって，その何はい分かであらわすことができます。かさをあらわすたんいに，リットルがあります。1リットルを1Lとかきます。 ❶ 1Lは10dLです。1Lのますに，1dLますで10ぱい入ることをたしかめましょう。 ❷ ペットボトルに入っている水のかさを，「L」をつかってあらわしましょう。また，「dL」をつかってあらわしましょう。 ❸ 1Lますと1dLますをつかって，みのまわりのものの水のかさを3つはかります。よそうをしてからはかりましょう。水のかさは「L」「dL」をつかってあらわしましょう。3人にしょうかいし，サインをもらいましょう。

3	ぜんいんが，かさを「dL」であらわしたり，mL がつかわれている入れものを見つけたりすることが できる。	❶ 図のようなバケツに入っている，水のかさをしらべます。この水のかさは何 L 何 dL とあらわすことができるかかきましょう。 ❷ ❶の水のかさは何 dL とあらわすことができるでしょうか。答えと そうかんがえたりゆうをかきましょう。 ❸ 水とうの水のかさを，「〜L〜dL」，「〜dL」の2とおりの方ほうであらわしましょう。なぜ，そのようにあらわすことができるか，3人にせつめいし，なっとくしてもらえたらサインをもらいましょう。 ❹ Lや dL より小さいかさをあらわすたんいに，ミリリットルがあります。ミリリットルは mL とかきます。1000mL は 1L です。みのまわりから，mL のたんいがつかわれている入れものをさがしてかきましょう。
4	ぜんいんが，水のかさのたし算やひき算の計算のしかたを せつめいすることが できる。	❶ やかんに 1 L 5dL，ペットボトルに 1 L の水が入っています。あわせると何L何 dL になるでしょうか。しき，答え，計算のしかたをかきましょう。計算のしかたは「たんい」ということばをつかいましょう。 ❷ やかんとペットボトルの水のかさのちがいをもとめましょう。しき，答え，計算のしかたをかきましょう。計算のしかたは「たんい」ということばをつかいましょう。 ❸ ❶❷の計算のしかたを3人にせつめいし，なっとくしてもらえたら，サインをもらいましょう。 ❹ つぎの計算をしましょう。
5	ぜんいんが，水のかさのれんしゅうもんだいを とくことができる。	❶ れんしゅうもんだいをとき，まるつけをしましょう。 ❷ 力だめしもんだいをとき，まるつけをしましょう。 （きょうかしょのもんだいを ときましょう）

水のかさ 1

＿＿＿くみ ＿＿＿ばん　名まえ＿＿＿＿＿＿＿＿＿＿

🏁ゴール
ぜんいんが，たんい「dL」をつかって，水のかさを あらわすことができる。

❶ 2つの水とうに入る水のかさを くらべようとおもいます。しかし，それぞれの水とうのコップをつかって くらべることはできません。それはなぜでしょうか。りゆうをかきましょう。

［それぞれのコップでくらべられないりゆう］

❷ どのようにすれば，2つの水とうに入る水のかさをくらべることができるか かんがえて，かきましょう。

［2つの水とうに入る水のかさのくらべ方］

❸ 水などのかさは，1デシリットルがいくつ分あるかであらわします。デシリットルはかさのたんいで，「dL」とかきます。1dLますをつかって，みのまわりのものの水のかさを3つはかります。よそうをしてからはかりましょう。水のかさは「dL」をつかってあらわしましょう。3人にしょうかいし，サインをもらいましょう。

はかったもの	水のかさ（よそう）	水のかさ（けっか）

✏️ともだちのサイン

水のかさ 2

_____くみ_____ばん　名まえ_____

🏁ゴール
ぜんいんが，たんい「L」をつかって，水のかさを あらわすことができる。

かさは もとにする ますをつかって，その何ばい分かであらわすことができます。
かさをあらわすたんいに，リットルがあります。1リットルを1Lとかきます。

❶ 1Lは 10dL です。
　1Lのますに，1dL ますで
　10ぱい入ることをたしかめましょう。

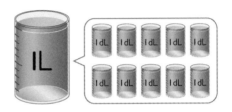

❷ ペットボトルに入っている水のかさを，「L」をつかってあらわしましょう。
　また，「dL」をつかってあらわしましょう。

（　　　　　）L,（　　　　　）dL

❸ 1Lますと1dLますをつかって，みのまわりのものの水かさを3つはかります。よそうをしてからはかりましょう。水かさは「L」「dL」をつかってあらわしましょう。3人にしょうかいし，サインをもらいましょう。

はかったもの	水のかさ（よそう）	水のかさ（けっか）

✏ともだちのサイン　|　　|　　|　　|

水のかさ 3

_____くみ_____ばん　名まえ_____

🏁 **ゴール**

ぜんいんが，かさを「dL」であらわしたり，mL がつかわれている入れものを見つけたりすることが できる。

❶ 図のようなバケツに入っている，水のかさをしらべます。この水のかさは何 L 何 dL とあらわすことができるか かきましょう。

(　　　　　) L (　　　　　) dL

❷ ❶の水のかさは何 dL とあらわすことができるでしょうか。答えと そうかんがえたりゆうをかきましょう。

[答 え]_____ dL

[りゆう]

❸ 水とうの水のかさを，「〜 L 〜 dL」，「〜 dL」の 2 とおりの方ほうであらわしましょう。なぜ，そのようにあらわすことができるか，3 人にせつめいし，なっとくしてもらえたらサインをもらいましょう。

(　　　　　) L (　　　　　) dL,　　(　　　　　) dL

✏️ ともだちのサイン | | | |
|---|---|---|

❹ ❶のLや dL より小さいかさをあらわすたんいに，ミリリットルがあります。ミリリットルは mL とかきます。1000mL は 1L です。みのまわりから，mL のたんいがつかわれている入れものをさがしてかきましょう。

水のかさ ④

_____くみ_____ばん　名まえ_____

🏁 **ゴール**
ぜんいんが,水のかさのたし算やひき算の計算のしかたを せつめいすることが できる。

❶ やかんに 1L 5dL, ペットボトルに 1L の水が入っています。あわせると何L何dLになるでしょうか。しき,答え,計算のしかたをかきましょう。計算のしかたは「たんい」ということばをつかいましょう。

　　やかん　　ペットボトル
　　1L 5dL　　1L

[し　き]_____

[答　え]_____ L _____ dL

[計算のしかた]

❷ やかんとペットボトルの水のかさのちがいをもとめましょう。しき,答え,計算のしかたをかきましょう。計算のしかたは「たんい」ということばをつかいましょう。

[し　き]_____　[答　え]_____

[計算のしかた]

❸ ❶❷の計算のしかたを3人にせつめいし,なっとくしてもらえたら,サインをもらいましょう。

　　✏ ともだちのサイン | 　　　 | 　　　 | 　　　 |

❹ つぎの計算をしましょう。

(1) 3L + 1L7dL = ☐　　　(2) 4L 2dL − 2L = ☐

(3) 2L 5dL + 3dL = ☐　　　(4) 3L 8dL − 4dL = ☐

かだい7 時こくと時間

	めあて（GOAL）	課題
1	ぜんいんが，かかった時間をいったり，時こくのもとめ方をせつめいしたりすることができる。	❶ えを見て，時こくをや時間を答えましょう。 (1) いえを出た時こく (2) 学校についた時こく (3) いえを出てから，学校につくまでの時間 ❷ 今の時こくは，2時50分です。つぎの時こくをかきましょう。また，時こくのもとめ方を，3人にせつめいしましょう。なっとくしてもらえたら，サインをもらいましょう。 ❸ （　）にあてはまる数をかきましょう。
2	ぜんいんが，ごぜん・ごごをつけて，時こくをあらわすことができる。	❶ つぎの時こくを，ごぜん・ごごをつけてかきましょう。 ❷ 1日は24時間です。そのりゆうを「ごぜん」，「ごご」ということばをつかってかきましょう。 ❸ じぶんの1日の生かつについて，ごぜん・ごごをつかっておはなしをかきましょう。おはなしは4つい じょうの文でかきます。（おきた時間，しょくじの時間，あそぶ時間，ねる時間など）3人にせつめいし，正しく時こくをあらわしておはなしがかけていたら，サインをもらいましょう。 ❹ さらさんは，ごぜん11時に こうえんについて，ごご1時にこうえんを出ました。さらさんがこうえんにいた時間は，何時間ですか。
3	ぜんいんが，時こくと時間のれんしゅうもんだいを とくことが できる①。	❶ れんしゅうもんだいをとき，まるつけをしましょう。 （きょうかしょのもんだいを ときましょう）
4	ぜんいんが，時こくと時間のれんしゅうもんだいを とくことが できる②。	❶ 力だめしもんだいをとき，まるつけをしましょう。 （きょうかしょのもんだいを ときましょう）

時こくと時間 1

_____くみ_____ばん　名まえ_____

🏁 **ゴール**

ぜんいんが，かかった時間をいったり，時こくのもとめ方をせつめいしたりすることができる。

❶ えを見て，時こくや時間を答えましょう。

(1) いえを出た時こく　　　　　　　(2) 学校についた時こく

　　（　　　　　　　）　　　　　　（　　　　　　　　　　　）

(3) いえを出てから，学校につくまでの時間

　　　　　　　　　　　　　　　　　（　　　　　　　　　　　）

❷ いまの時こくは，2時50分です。つぎの時こくをかきましょう。
　また，時こくのもとめ方を，3人にせつめいしましょう。
　なっとくしてもらえたら，サインをもらいましょう。

(1) 1時間前（　　　　　　）　　(2) 2時間後（　　　　　　　）

(3) 30分前（　　　　　　）　　(4) 10分後（　　　　　　　）

✏ ともだちのサイン　| 　　 | 　　 | 　　 |

❸ （　）にあてはまる数をかきましょう。

(1) 1時間＝（　　　　　　）分

(2) 80分＝（　　　　　　）時間（　　　　　　）分

時こくと時間 2

_____くみ_____ばん　名まえ_____

🏁 ゴール

ぜんいんが，ごぜん・ごごをつけて，時こくをあらわすことができる。

❶ つぎの時こくを，ごぜん・ごごをつけてかきましょう。

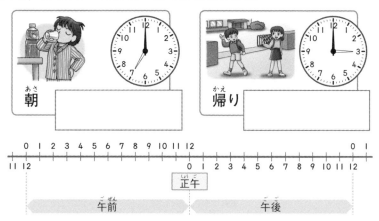

❷ 1日は24時間です。そのりゆうを「ごぜん」，「ごご」ということばをつかってかきましょう。

❸ じぶんの1日の生かつについて，ごぜん・ごごをつかっておはなしをかきましょう。おはなしは4ついじょうの文でかきます。（おきた時間，しょくじの時間，あそぶ時間，ねる時間など）3人にせつめいし，正しく時こくをあらわしておはなしがかけていたら，サインをもらいましょう。

✏️ ともだちのサイン　|　　　|　　　|　　　|

❹ さらさんは，ごぜん11時にこうえんについて，ごご1時にこうえんを出ました。さらさんがこうえんにいた時間は，何時間ですか。

_____時間

かだい8 長方形と正方形

	めあて（GOAL）	課題
1	ぜんいんが、直線とはどのような線かを せつめいすることが できる。	❶ あやとりのひも、ゴム、かみをつかって、まっすぐな線をつくりましょう。 ❷「直線」とはどのような線なのか、せつめいをかきましょう。また、❶のどうぐをつかって「直線」をかきましょう。 ❸ ものさしをつかって、直線をひきましょう。 ❹ みのまわりにある直線になっているものを、3ついじょう見つけてかきましょう。3人にせつめいし、なっとくしてもらえたら、サインをもらいましょう。
2	ぜんいんが、三角形と四角形のとくちょうがわかり、見つけ方をせつめいすることが できる。	❶ 三角形、四角形とは どのような形のことをいうか、せつめいをかきましょう。 ❷ 三角形と四角形の かどの数を、それぞれかきましょう。 ❸ あといのところを 何というか、かきましょう。また、三角形と四角形にいくつずつあるか、かきましょう。 ❹ 下の図から、三角形、四角形を2つずつ見つけて、答えましょう。それぞれ、なぜ、三角形、四角形、どちらでもない形ということができるのか、3人にせつめいし、なっとくしてもらえたら、サインをもらいましょう。
3	ぜんいんが、直角をかいたり、見つけたりすることが できる。	❶ かみをおって、直角をつくりましょう。 ❷ 三角じょうぎには、直角のかどがあるかたしかめます。直角のかどに、いろをぬりましょう。 ❸ 三角じょうぎをつかって、直角をかきましょう。直角のかき方を3人にせつめいし、正しくかけていたら、サインをもらいましょう。 ❹ みのまわりで、直角になっているところを、3つ見つけてかきましょう。

4	ぜんいんが，長方形はどのような形かを せつめいすることが できる。	4つのかどが，すべて直角な四角形を長方形といいます。 ❶「長方形の，むかいあっている辺の長さは，おなじです」というきまりがあります。このことを，おりがみでつくった長方形をつかって，たしかめましょう。 ❷ つぎの図の中で，長方形を見つけてかきましょう。また，どのようにしらべて，長方形だとわかったのか，かきましょう。3人にせつめいし，なっとくしてもらえたら，サインをもらいましょう。 ❸ みのまわりから，長方形の形をしたものを，3つ いじょう見つけてかきましょう。
5	ぜんいんが，正方形はどのような形かを せつめいすることが できる。	4つのかどがみんな直角で，4つの辺の長さがみんなおなじになっている四角形を正方形といいます。 ❶ 長方形のおりがみをおってからきり，「正方形」をつくりましょう。おってからきった形が「正方形」になっていることをたしかめましょう。また，たしかめ方をかきましょう。 ❷ つぎの図の中で，正方形を見つけてかきましょう。また，どのようにしらべて，正方形だとわかったのか，かきましょう。3人にせつめいし，なっとくしてもらえたら，サインをもらいましょう。 ❸ みのまわりで，正方形の形をしたものを，3つ見つけてかきましょう。
6	ぜんいんが，直角三角形はどのような形かをせつめいすることが できる。	❶ おりがみで，長方形と正方形をつくり，図のような点線できりましょう。そうすると，直角三角形ができます。直角三角形はどのような形のことをいうのでしょうか。せつめいをかきましょう。 ❷ 正方形をきって，直角三角形を4つ つくりましょう。4つの直角三角形をならべて，長方形や直角三角形をつくり，図であらわしましょう。3人にせつめいし，なっとくしてもらえたら，サインをもらいましょう。

7	ぜんいんが，長方形・正方形・直角三角形をかくことが できる。	❶ つぎの形をかきましょう。 ❷ 長方形，正方形，直角三角形をそれぞれ１つずつかきましょう。それぞれの形のかき方と，辺の長さを３人にせつめいし，なっとくしてもらえたら，サインをもらいましょう。
8	ぜんいんが，三角形と四角形のれんしゅうもんだいを とくことができる。	❶ れんしゅうもんだいをとき，まるつけをしましょう。 ❷ 力だめしもんだいをとき，まるつけをしましょう。 （きょうかしょのもんだいを ときましょう）

長方形と正方形 ❶

_____くみ _____ばん　名まえ_____

🏁 ゴール

ぜんいんが，直線とはどのような線かを せつめいすることが できる。

❶ あやとりのひも，ゴム，かみをつかって，まっすぐな線をつくりましょう。

❷ 「直線」とはどのような線なのか，せつめいをかきましょう。また，❶のどうぐをつかって「直線」をかきましょう。

［直線のせつめい］

❸ ものさしをつかって，直線をひきましょう。

❹ みのまわりにある直線になっているものを，3ついじょう見つけてかきましょう。3人にせつめいし，なっとくしてもらえたら，サインをもらいましょう。

✏️ ともだちのサイン

長方形と正方形 2

_____くみ_____ばん　名まえ_____

🏁ゴール

ぜんいんが，三角形と四角形のとくちょうがわかり，見つけ方をせつめいすることができる。

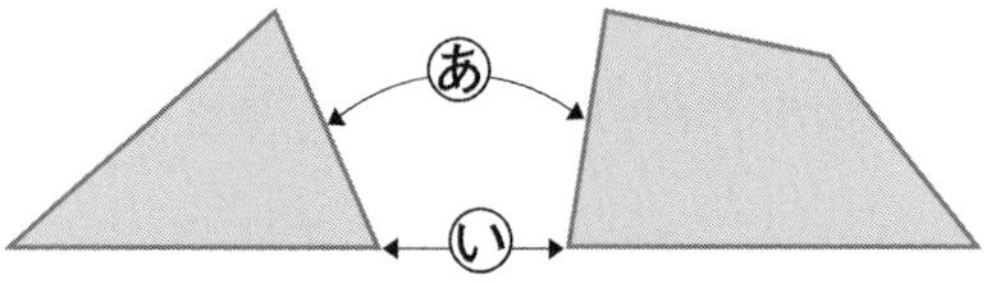

❶ 三角形，四角形とはどのような形のことをいうか，せつめいをかきましょう。

[三角形]

[四角形]

❷ 三角形と四角形のかどの数を，それぞれかきましょう。

三角形…_____つ　　　四角形…_____つ

❸ あといのところを何というか，かきましょう。また，三角形と四角形にいくつずつあるか，かきましょう。

あ（　　　　　）三角形…（　　　　）つ，四角形…（　　　　）つ

い（　　　　　）三角形…（　　　　）つ，四角形…（　　　　）つ

❹ 下の図から，三角形，四角形を2つずつ見つけて，答えましょう。それぞれ，なぜ，三角形，四角形，どちらでもない形ということができるのか，3人にせつめいし，なっとくしてもらえたら，サインをもらいましょう。

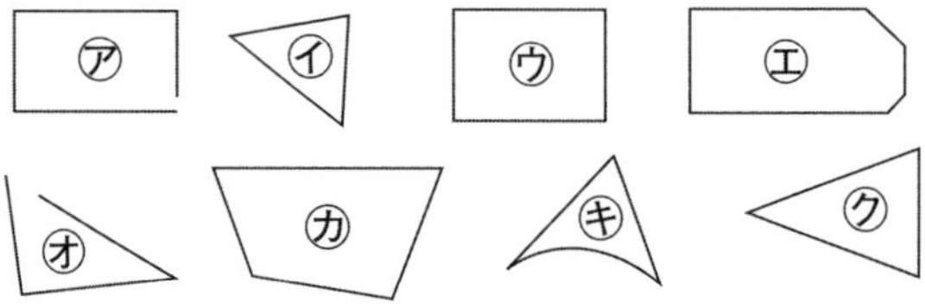

三角形…_____　　　四角形…_____

✏ともだちのサイン

長方形と正方形 ❸

_____くみ_____ばん　名まえ_____

🏁ゴール

ぜんいんが，直角をかいたり，見つけたりすることが できる。

❶ かみをおって，直角をつくりましょう。

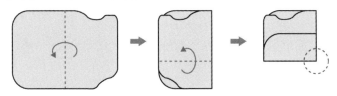

❷ 三角じょうぎには，直角のかどがあるかたしかめます。
直角のかどに，いろをぬりましょう。

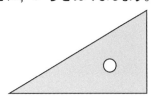　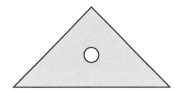

❸ 三角じょうぎをつかって，直角をかきましょう。
直角のかき方を3人にせつめいし，正しくかけていたら，サインをもらいましょう。

✏️ともだちのサイン			

❹ みのまわりで，直角になっているところを，3つ見つけてかきましょう。

［直角になっているところ］

長方形と正方形 4

_____くみ_____ばん　名まえ_____

🏁**ゴール**

ぜんいんが，長方形はどのような形かを せつめいすることが できる。

4つのかどが，すべて直角な四角形を長方形といいます。

❶「長方形の，むかいあっている辺の長さは，おなじです」
　というきまりがあります。このことを，おりがみでつくっ
　た長方形をつかって，たしかめましょう。

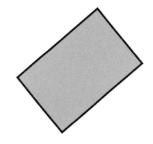

❷ つぎの図の中で，長方形を見つけてかきましょう。また，どのようにしらべて，長方
　形だとわかったのかかきましょう。3人にせつめいし，なっとくしてもらえたら，サイン
　をもらいましょう。

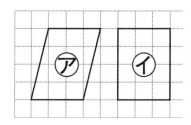 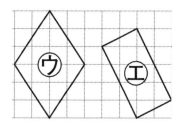

［長方形の見つけ方］

✏️ともだちのサイン　|　　　|　　　|　　　|

❸ みのまわりから，長方形の形をしたものを，3つ いじょう見つけてかきましょう。
［長方形の形をしたもの］

64

長方形と正方形 5

_____くみ_____ばん　名まえ_____

🏁ゴール
ぜんいんが，正方形はどのような形かを せつめいすることが できる。

4つのかどがみんな直角で，4つの辺の長さがみんなおなじになっている四角形を正方形といいます。

❶ 長方形のおりがみをおってからきり，「正方形」をつくりましょう。おってからきった形が「正方形」になっていることをたしかめましょう。また，たしかめ方をかきましょう。

［正方形になっていることのたしかめ方］

❷ つぎの図の中で，正方形を見つけてかきましょう。また，どのようにしらべて，正方形だとわかったのか，かきましょう。3人にせつめいし，なっとくしてもらえたら，サインをもらいましょう。

［正方形の見つけ方］

［答え］_____

❸ みのまわりで，正方形の形をしたものを，3つ見つけてかきましょう。
［正方形の形をしたもの］

✏ともだちのサイン

長方形と正方形 6

_____くみ_____ばん　名まえ_____

🏁 **ゴール**

> ぜんいんが，直角三角形はどのような形かを せつめいすることが できる。

❶ おりがみで，長方形と正方形をつくり，図のような点線で きりましょう。そうすると，直角三角形ができます。直角三角形はどのような形のことをいうのでしょうか。せつめいをかきましょう。

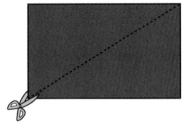 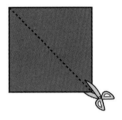

［直角三角形のせつめい］

❷ 正方形をきって，直角三角形を4つ つくりましょう。4つの直角三角形をならべて，四角形や三角形をつくり，図であらわしましょう。3人にせつめいし，なっとくしてもらえたら，サインをもらいましょう。

✏ ともだちのサイン

長方形と正方形 7

＿＿＿くみ ＿＿＿ばん　名まえ＿＿＿＿＿＿＿＿＿＿

🏁ゴール

ぜんいんが，長方形・正方形・直角三角形を かくことが できる。

❶ つぎの形をかきましょう。

(1) たて3cm, よこ4cmの長方形

(2) たて2cm, よこ7cmの長方形

(3) 1つの辺の長さが3cmの正方形

(4) 3cmの辺と5cmの辺のあいだに，直角のかどがある直角三角形

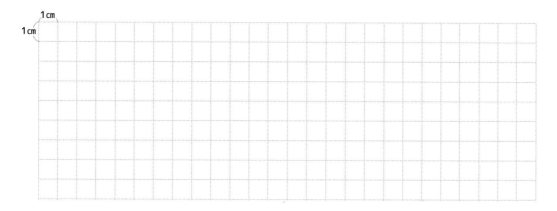

❷ 長方形，正方形，直角三角形をそれぞれ1つずつかきましょう。それぞれの形のかき方と，辺の長さを3人にせつめいし，なっとくしてもらえたら，サインをもらいましょう。

✏ ともだちのサイン

| かだい 9 | かけ算 1 |

	めあて（GOAL）	課題
1	ぜんいんが，おなじ数ずつあるもののごうけいを，かけ算をつかってあらわすことが できる。	❶ りんごは，ぜんぶで何こあるでしょうか。（　　）にあてはまる数をかきましょう。 ❷ りんごのぜんぶの数を，かけ算のしきで，「3×4＝12」とあらわすことができます。このしきの「3」「4」「12」はそれぞれ，何をあらわしているか，かきましょう。 ❸ つぎのえを見て，ぜんぶでいくつあるか，かけ算のしきにあらわしましょう。なぜ，そのようなしきになったのか，3人にせつめいし，なっとくしてもらえたら，サインをもらいましょう。
2	ぜんいんが，かけ算の答えが，おなじ数のたし算でもとめられることや，ばいのいみを，せつめいすることが できる。	❶ 1パックに6このたまごが入っています。3パック分の数をかんがえます。かけ算のしきでは，6×3とあらわすことができます。6×3の答えは，たし算のしきで，もとめることができます。どのようなしきで，もとめることができるか，せつめいをかきましょう。 ❷ えを見て，かけ算のしきにあらわし，ぜんぶの数をもとめましょう。また，もとめるためのたし算のしきもかきましょう。もとめかたを3人にせつめいし，なっとくしてもらえたら，サインをもらいましょう。 ❸ 2cmのテープの3つ分の長さは，2cmの何ばいですか。また，それは何cmですか。
3	ぜんいんが，みのまわりから，かけ算でのしきであらわせるばめんを見つけて，しきにあらわすことが できる。	❶ みのまわりのもので，かけ算であらわせるばめんを5つ見つけ，しきにあらわしましょう。3人にせつめいし，なっとくしてもらえたらサインをもらいましょう。 ❷ しきにかいたものから1つえらび，カードや がようしに，しきやえをかいてまとめましょう。

4	ぜんいんが，2のだんの九九の答えのもとめ方をせつめいすることが できる。	プリンが1パックに2こずつ入っています。 ❶ 1～5パック分のプリンのえを見て，それぞれプリンは何こになるか かんがえ，かけ算のしきと答えをかきましょう。 ❷ 6～9パック分になると，それぞれプリンは何こになるかかんがえ，かけ算のしきと答えをかきましょう。 ❸ 2のだんのかけ算で，2×5の答えがわかっているときに，2×6の答えはえを見て数えずに，どのようにしてもとめることができるか，3人にせつめいし，なっとくしてもらえたら，サインをもらいましょう。
5	ぜんいんが，2のだんの九九をおぼえ，もんだいをつくることが できる。	❶ 2のだんの九九カードをつくり，おぼえましょう。2のだんの九九をじゅんばんにいい，3人にきいてもらいましょう。正しくいうことができていたら，サインをもらいましょう。 ❷ 2本で1くみのボールペンを，4くみかいました。ボールペンは，ぜんぶで何本ありますか。 ❸ 2×6のしきになる もんだいをつくりましょう。3人にせつめいし，なっとくしてもらえたら，サインをもらいましょう。
6	ぜんいんが，5のだんの九九の答えのもとめ方をせつめいすることが できる。	おかしが1はこに5こずつ入っています。 ❶ 1～5はこ分のおかしのえを見て，それぞれおかしは何こになるか かんがえ，かけ算のしきと答えをかきましょう。 ❷ 6～9はこ分になると，それぞれおかしは何こになるか かんがえ，かけ算のしきと答えをかきましょう。 ❸ 5のだんのかけ算で，5×5の答えがわかっているときに，5×6の答えはえを見て数えずに，どのようにして，もとめることができるか，3人にせつめいし，なっとくしてもらえたら，サインをもらいましょう。

7	ぜんいんが，5のだんの九九をおぼえ，もんだいをつくることが できる。	❶ 5のだんの九九カードをつくり，おぼえましょう。5のだんの九九をじゅんばんにいい，3人にきいてもらいましょう。正しくいうことができていたら，サインをもらいましょう。 ❷ 5人のりの車が4台あります。ぜんぶで何人のることができるでしょうか。しきと答えをかきましょう。 ❸ 5のだんの九九をつかうかけ算のもんだいをつくりましょう。3人にせつめいし，なっとくしてもらえたら，サインをもらいましょう。
8	ぜんいんが，3のだんの九九の答えのもとめ方を せつめいすることが できる。	三りん車がたくさんあります。 ❶ 1～4台分の三りん車のえを見て，それぞれタイヤは何こになるか かんがえ，かけ算のしきと答えをかきましょう。 ❷ 5～9台分になると，それぞれタイヤは何こになるか かんがえ，かけ算のしきと答えをかきましょう。 ❸ 3のだんのかけ算で，3×4の答えがわかっているときに，3×5の答えは えを見て数えずに，どのようにして，もとめることができるか，3人にせつめいし，なっとくしてもらえたら，サインをもらいましょう。
9	ぜんいんが，3のだんの九九をおぼえ，もんだいをとくことが できる。	❶ 3のだんの九九カードをつくり，おぼえましょう。3のだんの九九をじゅんばんにいい，3人にきいてもらいましょう。正しくいうことができていたら，サインをもらいましょう。 ❷ 3人ずつ すわれるいすが7つあります。ぜんぶで何人すわれますか。しきと答えをかきましょう。 ❸ 3のだんの九九をつかう かけ算のもんだいを つくりましょう。

⑩	ぜんいんが，4のだんの九九の答えのもとめ方を せつめいすることが できる。	じどう車をつくります。1台にタイヤを4こつけます。 ❶ 1～4台分のじどう車のえを見て，それぞれタイヤは何こになるか かんがえ，かけ算のしきと答えをかきましょう。 ❷ 5～9台分になると，それぞれタイヤは何こになるかかんがえ，かけ算のしきと答えをかきましょう。 ❸ 4のだんのかけ算で，4×4の答えがわかっているときに，4×5の答えは えを見て数えずに，どのようにしてもとめることができるか，3人にせつめいし，なっとくしてもらえたら，サインをもらいましょう。
⑪	ぜんいんが，4のだんの九九をおぼえ，もんだいをとくことが できる。	❶ 4のだんの九九カードをつくり，おぼえましょう。4のだんの九九をじゅんばんにいい，3人にきいてもらいましょう。正しくいうことができていたら，サインをもらいましょう。 ❷ あめを1人に4こずつ くばります。7人にくばるには，何こ ひつようですか。しきと答えをかきましょう。 ❸ 4dL入りのジュースのびんが4本あります。ジュースはぜんぶで何dLになるでしょうか。しきと答えをかきましょう。
⑫	ぜんいんが，かけ算のきまりを見つけて，せつめいすることが できる。	❶ 2のだんの答え，3のだんの答え，5のだんの答えのあいだには あるきまりがあります。どんなきまりがあるか，かんがえてかきましょう。 ❷ 2のだんから5のだんまでの九九のしきを見て，❶のほかにきまりを3つ見つけて，かきましょう。3人にせつめいし，なっとくしてもらえたら，サインをもらいましょう。
⑬	ぜんいんが，かけ算のれんしゅうもんだいを とくことができる。	❶ れんしゅうもんだいをとき，まるつけをしましょう。 （きょうかしょのもんだいを ときましょう）

かけ算1 ①

＿＿＿くみ＿＿＿ばん　名まえ＿＿＿＿＿＿＿＿＿＿

🏁 **ゴール**

ぜんいんが，おなじ数ずつあるもののごうけいを，かけ算をつかって あらわすことが できる。

❶ りんごは，ぜんぶで何こあるでしょうか。（　　）にあてはまる数をかきましょう。

1さらに（　　　　）こずつの（　　　　）さら分で，（　　　　）こあります。

❷ りんごのぜんぶの数を，かけ算のしきで，「3×4＝12」とあらわすことができます。このしきの「3」「4」「12」はそれぞれ，何をあらわしているか，かきましょう。

❸ つぎのえを見て，ぜんぶでいくつあるか，かけ算のしきにあらわしましょう。なぜ，そのようなしきになったのか，3人にせつめいし，なっとくしてもらえたら，サインをもらいましょう。

(1)  ［しき］＿＿＿＿＿＿＿＿＿＿

(2)  ［しき］＿＿＿＿＿＿＿＿＿＿

✏ ともだちのサイン

かけ算1 ②

＿＿＿くみ ＿＿＿ばん 名まえ＿＿＿＿＿＿＿＿＿＿

🏁ゴール

ぜんいんが, かけ算の答えが, おなじ数のたし算でもとめられることや, ばいのいみを, せつめいすることが できる。

❶ 1パックに6このたまごが入っています。3パック分の数をかんがえます。
かけ算のしきでは, 6×3とあらわすことができます。
6×3の答えは, たし算のしきで, もとめることができます。
どのようなたし算のしきで, もとめることができるか, せつめいをかきましょう。

❷ えを見て, かけ算のしきにあらわし, ぜんぶの数をもとめましょう。
また, もとめるためのたし算のしきもかきましょう。
もとめかたを3人にせつめいし, なっとくしてもらえたら, サインをもらいましょう。

(1) りんご

(2) ドーナツ

[しき]＿＿＿＿＿＿＿＿＿＿＿＿＿＿ [しき]＿＿＿＿＿＿＿＿＿＿＿＿＿＿

＿＿＿＿＿＿＿＿＿＿＿＿＿＿＿＿＿ ＿＿＿＿＿＿＿＿＿＿＿＿＿＿＿＿＿

[答え]＿＿＿＿＿＿＿＿＿＿ [答え]＿＿＿＿＿＿＿＿＿＿

✏️ともだちのサイン |　　　|　　　|　　　|

❸ 2cmのテープの3つ分の長さは, 2cmの何ばいですか。また, それは何cmですか。

(　　　　　) ばい (　　　　　) cm

かけ算1 ③

_____くみ_____ばん　名まえ_____

🏁 **ゴール**

ぜんいんが，みのまわりから，かけ算でのしきであらわせるばめんを見つけて，しきにあらわすことが できる。

❶ みのまわりのもので，かけ算であらわせるばめんを5つ見つけ，しきにあらわしましょう。3人にせつめいし，なっとくしてもらえたらサインをもらいましょう。

(1) (　　　　　　　　　　　)　　[し　き]_____

(2) (　　　　　　　　　　　)　　[し　き]_____

(3) (　　　　　　　　　　　)　　[し　き]_____

(4) (　　　　　　　　　　　)　　[し　き]_____

(5) (　　　　　　　　　　　)　　[し　き]_____

✏ ともだちのサイン　|　　　|　　　|　　　|

❷ しきにかいたものから1つえらび，カードや がようしに，しきやえをかいてまとめましょう。

かけ算1 ④

_____くみ_____ばん　名まえ_____

🏁ゴール

ぜんいんが，2のだんの九九の答えのもとめ方をせつめいすることが できる。

プリンが1パックに2こずつ入っています。

❶ 1～5パック分のプリンのえを見て，それぞれプリンは何こになるか かんがえ，かけ算のしきと答えをかきましょう。

(1) 1パック分　　　　　　　　（　　　）×（　　　）＝（　　　）

(2) 2パック分　　　　　　　　（　　　）×（　　　）＝（　　　）

(3) 3パック分　　　　　　　　（　　　）×（　　　）＝（　　　）

(4) 4パック分　　　　　　　　（　　　）×（　　　）＝（　　　）

(5) 5パック分　　　　　　　　（　　　）×（　　　）＝（　　　）

❷ 6～9パック分になると，それぞれプリンは何こになるか かんがえ，かけ算のしきと答えをかきましょう。

(1) 6パック分　　　　　　　　（　　　）×（　　　）＝（　　　）

(2) 7パック分　　　　　　　　（　　　）×（　　　）＝（　　　）

(3) 8パック分　　　　　　　　（　　　）×（　　　）＝（　　　）

(4) 9パック分　　　　　　　　（　　　）×（　　　）＝（　　　）

❸ 2のだんのかけ算で，2×5の答えがわかっているときに，2×6の答えはえを見て数えずに，どのようにして，もとめることができるか，3人にせつめいし，なっとくしてもらえたら，サインをもらいましょう。

✏ともだちのサイン

かけ算1 5

_____くみ_____ばん　名まえ_____

🏁 ゴール

ぜんいんが、2のだんの九九をおぼえ、もんだいをつくることが できる。

❶ 2のだんの九九カードをつくり、おぼえましょう。2のだんの九九をじゅんばんにいい、3人にきいてもらいましょう。正しくいうことができていたら、サインをもらいましょう。

【2のだんの九九】

2 × 1 ＝ 2 ……… 二一（にいち）が 2（に）
2 × 2 ＝ 4 ……… 二二（ににん）が 4（し）
2 × 3 ＝ 6 ……… 二三（にさん）が 6（ろく）
2 × 4 ＝ 8 ……… 二四（にし）が 8（はち）
2 × 5 ＝ 10 ……… 二五（にご）　 10（じゅう）
2 × 6 ＝ 12 ……… 二六（にろく）　12（じゅうに）
2 × 7 ＝ 14 ……… 二七（にしち）　14（じゅうし）
2 × 8 ＝ 16 ……… 二八（にはち）　16（じゅうろく）
2 × 9 ＝ 18 ……… 二九（にく）　 18（じゅうはち）

✏ ともだちのサイン

❷ 2本で1くみのボールペンを、4くみかいました。ボールペンは、ぜんぶで何本ありますか。

[しき]_____　[答え]_____

❸ 2×6のしきになる もんだいをつくりましょう。3人にせつめいし、なっとくしてもらえたら、サインをもらいましょう。

[もんだい]

✏ ともだちのサイン

かけ算1 6

_____くみ_____ばん　名まえ_____

🏁 **ゴール**

ぜんいんが，5のだんの九九の答えのもとめ方を せつめいすることが できる。

おかしが1はこに5こずつ入っています。

❶ 1〜5はこ分のおかしのえを見て，それぞれおかしは何こになるか かんがえ，かけ算のしきと答えをかきましょう。

(1) 1はこ分　　　　　　　　　(　　　) × (　　　) = (　　　)

(2) 2はこ分　　　　　　　　　(　　　) × (　　　) = (　　　)

(3) 3はこ分　　　　　　　　　(　　　) × (　　　) = (　　　)

(4) 4はこ分　　　　　　　　　(　　　) × (　　　) = (　　　)

(5) 5はこ分　　　　　　　　　(　　　) × (　　　) = (　　　)

❷ 6〜9はこ分になると，それぞれおかしは何こになるか かんがえ，かけ算のしきと答えをかきましょう。

(1) 6はこ分　　　　　　　　　(　　　) × (　　　) = (　　　)

(2) 7はこ分　　　　　　　　　(　　　) × (　　　) = (　　　)

(3) 8はこ分　　　　　　　　　(　　　) × (　　　) = (　　　)

(4) 9はこ分　　　　　　　　　(　　　) × (　　　) = (　　　)

❸ 5のだんのかけ算で，5×5の答えがわかっているときに，5×6の答えはえを見て数えずに，どのようにして，もとめることができるか，3人にせつめいし，なっとくしてもらえたら，サインをもらいましょう。

✏️ ともだちのサイン

かけ算1 7

_____くみ_____ばん　名まえ_____

🏁 **ゴール**

ぜんいんが，5のだんの九九をおぼえ，もんだいをつくることが できる。

❶ 5のだんの九九カードをつくり，おぼえましょう。5のだんの九九をじゅんばんにいい，3人にきいてもらいましょう。正しくいうことができていたら，サインをもらいましょう。

【5のだんの九九】

5 × 1 ＝ 5 ……… 五一（ごいち）が　5（ご）
5 × 2 ＝ 10 ……… 五二（ごに）　　　10（じゅう）
5 × 3 ＝ 15 ……… 五三（ごさん）　　15（じゅうご）
5 × 4 ＝ 20 ……… 五四（ごし）　　　20（にじゅう）
5 × 5 ＝ 25 ……… 五五（ごご）　　　25（にじゅうご）
5 × 6 ＝ 30 ……… 五六（ごろく）　　30（さんじゅう）
5 × 7 ＝ 35 ……… 五七（ごしち）　　35（さんじゅうご）
5 × 8 ＝ 40 ……… 五八（ごは）　　　40（しじゅう）
5 × 9 ＝ 45 ……… 五九（ごっく）　　45（しじゅうご）

✏ ともだちのサイン　|　　|　　|　　|

❷ 5人のりの車が4台あります。ぜんぶで何人のることができるでしょうか。しきと答えをかきましょう。

［し　き］_____　［答　え］_____

❸ 5のだんの九九をつかうかけ算のもんだいをつくりましょう。3人にせつめいし，なっとくしてもらえたら，サインをもらいましょう。

［もんだい］

✏ ともだちのサイン　|　　|　　|　　|

かけ算1 ⑧

_____くみ_____ばん　名まえ_____

🏁ゴール

ぜんいんが，3のだんの九九の答えのもとめ方を せつめいすることが できる。

三りん車がたくさんあります。

❶ 1～4台分の三りん車のえを見て，それぞれタイヤは何こになるか かんがえ，かけ算のしきと答えをかきましょう。

(1) 　　　　　　　　　　　　　（　　　）×（　　　）=（　　　）

(2) 　　　　　　　　　　　　　（　　　）×（　　　）=（　　　）

(3) 　　　　　　　　　　　　　（　　　）×（　　　）=（　　　）

(4) 　　　　　　　　　　　　　（　　　）×（　　　）=（　　　）

❷ 5～9台分になると，それぞれタイヤは何こになるか かんがえ，かけ算のしきと答えをかきましょう。

(1) 5台分　　　　　　　　　　（　　　）×（　　　）=（　　　）

(2) 6台分　　　　　　　　　　（　　　）×（　　　）=（　　　）

(3) 7台分　　　　　　　　　　（　　　）×（　　　）=（　　　）

(4) 8台分　　　　　　　　　　（　　　）×（　　　）=（　　　）

(5) 9台分　　　　　　　　　　（　　　）×（　　　）=（　　　）

❸ 3のだんのかけ算で，3×4の答えがわかっているときに，3×5の答えは えを見て数えずに，どのようにして，もとめることができるか，3人にせつめいし，なっとくしてもらえたら，サインをもらいましょう。

✏ともだちのサイン

かけ算1 ⑨

_____くみ_____ばん　名まえ_____

🏁 **ゴール**

ぜんいんが，3のだんの九九をおぼえ，もんだいをとくことが できる。

❶ 3のだんの九九カードをつくり，おぼえましょう。3のだんの九九をじゅんばんにいい，3人にきいてもらいましょう。正しくいうことができていたら，サインをもらいましょう。

【3のだんの九九】

3 × 1 ＝ 3 ……… 三一（さんいち）　　が 3（さん）
3 × 2 ＝ 6 ……… 三二（さんに）　　　が 6（ろく）
3 × 3 ＝ 9 ……… 三三（さざん）　　　が 9（く）
3 × 4 ＝ 12 ……… 三四（さんし）　　　　12（じゅうに）
3 × 5 ＝ 15 ……… 三五（さんご）　　　　15（じゅうご）
3 × 6 ＝ 18 ……… 三六（さぶろく）　　　18（じゅうはち）
3 × 7 ＝ 21 ……… 三七（さんしち）　　　21（にじゅういち）
3 × 8 ＝ 24 ……… 三八（さんぱ）　　　　24（にじゅうし）
3 × 9 ＝ 27 ……… 三九（さんく）　　　　27（にじゅうしち）

✏ ともだちのサイン ｜　　　｜　　　｜　　　｜

❷ 3人ずつ すわれるいすが 7つあります。ぜんぶで何人すわれますか。しきと答えをかきましょう。

[し　き]_____　　[答 え]_____

❸ 3のだんの九九をつかう かけ算のもんだいを つくりましょう。

[もんだい]

[し　き]_____　　[答 え]_____

かけ算1 ⓾

_____くみ_____ばん　名まえ_____

🏁 **ゴール**

ぜんいんが，4のだんの九九の答えのもとめ方を せつめいすることが できる。

じどう車をつくります。1台にタイヤを4こつけます。

❶ 1～4台分のじどう車のえを見て，それぞれタイヤは何こになるか かんがえ，かけ算のしきと答えをかきましょう。

　(1) 🚗　　　　　　　　　　　(　　　) ×(　　　) =(　　　)

　(2) 🚗🚗　　　　　　　　　(　　　) ×(　　　) =(　　　)

　(3) 🚗🚗🚗　　　　　　　(　　　) ×(　　　) =(　　　)

　(4) 🚗🚗🚗🚗　　　　　(　　　) ×(　　　) =(　　　)

❷ 5～9台分になると，それぞれタイヤは何こになるか かんがえ，かけ算のしきと答えをかきましょう。

　(1) 5台分　　　　　　　　　(　　　) ×(　　　) =(　　　)

　(2) 6台分　　　　　　　　　(　　　) ×(　　　) =(　　　)

　(3) 7台分　　　　　　　　　(　　　) ×(　　　) =(　　　)

　(4) 8台分　　　　　　　　　(　　　) ×(　　　) =(　　　)

　(5) 9台分　　　　　　　　　(　　　) ×(　　　) =(　　　)

❸ 4のだんのかけ算で，4×4の答えがわかっているときに，4×5の答えは えを見て数えずに，どのようにして，もとめることができるか，3人にせつめいし，なっとくしてもらえたら，サインをもらいましょう。

✏️ ともだちのサイン　| 　 | 　 | 　 |

かけ算1 11

_____くみ_____ばん　名まえ_____

🏁 **ゴール**

ぜんいんが，4のだんの九九をおぼえ，もんだいをとくことが できる。

❶ 4のだんの九九カードをつくり，おぼえましょう。4のだんの九九をじゅんばんにいい，3人にきいてもらいましょう。正しくいうことができていたら，サインをもらいましょう。

【4のだんの九九】

4 × 1 ＝ 4 ……… 四一（しいち）　が　4（し）
4 × 2 ＝ 8 ……… 四二（しに）　が　8（はち）
4 × 3 ＝ 12 ……… 四三（しさん）　　12（じゅうに）
4 × 4 ＝ 16 ……… 四四（しし）　　　16（じゅうろく）
4 × 5 ＝ 20 ……… 四五（しご）　　　20（にじゅう）
4 × 6 ＝ 24 ……… 四六（しろく）　　24（にじゅうし）
4 × 7 ＝ 28 ……… 四七（ししち）　　28（にじゅうはち）
4 × 8 ＝ 32 ……… 四八（しは）　　　32（さんじゅうに）
4 × 9 ＝ 36 ……… 四九（しく）　　　36（さんじゅうろく）

✏ ともだちのサイン　|　　　|　　　|　　　|

❷ あめを1人に4こずつ くばります。7人にくばるには，何こひつようですか。しきと答えをかきましょう。

［しき］_____　　［答え］_____

❸ 4dL入りのジュースのびんが4本あります。ジュースはぜんぶで何dLになるでしょうか。しきと答えをかきましょう。

［しき］_____　　［答え］_____

かけ算1 ⓬

_____くみ_____ばん　名まえ_____

🏁 **ゴール**

ぜんいんが，かけ算のきまりを見つけて，せつめいすることが できる。

【2のだん】	【3のだん】	【4のだん】	【5のだん】
2 × 1 = 2	3 × 1 = 3	4 × 1 = 4	5 × 1 = 5
2 × 2 = 4	3 × 2 = 6	4 × 2 = 8	5 × 2 = 10
2 × 3 = 6	3 × 3 = 9	4 × 3 = 12	5 × 3 = 15
2 × 4 = 8	3 × 4 = 12	4 × 4 = 16	5 × 4 = 20
2 × 5 = 10	3 × 5 = 15	4 × 5 = 20	5 × 5 = 25
2 × 6 = 12	3 × 6 = 18	4 × 6 = 24	5 × 6 = 30
2 × 7 = 14	3 × 7 = 21	4 × 7 = 28	5 × 7 = 35
2 × 8 = 16	3 × 8 = 24	4 × 8 = 32	5 × 8 = 40
2 × 9 = 18	3 × 9 = 27	4 × 9 = 36	5 × 9 = 45

❶ 2のだんの答え，3のだんの答え，5のだんの答えのあいだには あるきまりがあります。どんなきまりがあるか，かんがえてかきましょう。

❷ 2のだんから5のだんまでの九九のしきを見て，❶のほかにきまりを3つ見つけて，かきましょう。3人にせつめいし，なっとくしてもらえたら，サインをもらいましょう。

✏️ ともだちのサイン

かだい10 かけ算2

	めあて（GOAL）	課題
1	ぜんいんが，6のだんの九九の答えのもとめ方をせつめいすることが できる。	チーズが1はこに6こずつ入っています。 ❶ 1～5はこ分までのチーズの数の，かけ算のしきをかきましょう。 ❷ 6×2の答えは，えを見て数えずに，どのようにして，もとめることができるか，せつめいをかきましょう。 ❸ かけ算には，「かける数が1ふえると，答えはかけられる数だけふえる」というふえ方のきまりがある。このことがなり立つことを，6のだんの九九をつかって，3人にせつめいし，なっとくしてもらえたら，サインをもらいましょう。 ❹ かけ算のふえ方のきまりをつかって，6～9はこ分の，チーズの数のかけ算のしきをかきましょう。
2	ぜんいんが，6のだんの九九をおぼえ，もんだいをとくことが できる。	❶ 6のだんの九九カードをつくり，おぼえましょう。6のだんの九九をじゅんばんにいい，3人にきいてもらいましょう。正しくいうことができていたら，サインをもらいましょう。 ❷ 1ふくろに6まいずつ入った食パンが，3ふくろあります。食パンはぜんぶでなんまいありますか。しきと答えをかきましょう。 ❸ 6のだんの九九をつかった もんだいをつくりましょう。

3	ぜんいんが，7のだんの九九の答えのもとめ方を せつめいすることができる。	❶ 1はこが7本入りのサインペンがあります。1〜4はこ分までのサインペンの数の，かけ算のしきをかきましょう。 ❷ 7のだんのかけ算の答えは，えを見て数えずに，どのようにして，もとめることができるか，せつめいをかきましょう。 ❸ かけ算には，「かける数とかけられる数を入れかえても答えはおなじ」というきまりがある。このことがなり立つことを，7のだんの九九をつかって，3人にせつめいし，なっとくしてもらえたら，サインをもらいましょう。 ❹ ❸のかけ算のきまりや，かけ算のふえ方のきまりをつかって，5〜9はこ分の，サインペンの数のかけ算のしきをかきましょう。
4	ぜんいんが，7のだんの九九をおぼえ，もんだいをとくことが できる。	❶ 7のだんの九九カードをつくり，おぼえましょう。7のだんの九九をじゅんばんにいい，3人にきいてもらいましょう。正しくいうことができていたら，サインをもらいましょう。 ❷ 1しゅうかんは，7日です。4しゅうかんでは，何日になるでしょうか。しきと答えをかきましょう。 ❸ 7×5の答えはわかるのですが，7×6の答えがわからなくなったともだちがいます。どのようにおしえてあげればよいか かんがえ，しきをつかって，おしえ方のせつめいをかきましょう。3人にせつめいし，なっとくしてもらえたら，サインをもらいましょう。
5	ぜんいんが，8のだんの九九の答えのもとめ方を せつめいすることができる。	❶ あめを1人に8こずつあげます。3人分では，何こ ひつようでしょうか。しきと答え，けいさんのしかたをかきましょう。 ❷ かけ算のきまり2つをつかって，8のだんの九九をつくりましょう。8のだんの九九のつくり方を3人にせつめいし，なっとくしてもらえたら，サインをもらいましょう。

6	ぜんいんが，8のだんの九九をおぼえ，もんだいをとくことが できる。	❶ 8のだんの九九カードをつくり，おぼえましょう。8のだんの九九をじゅんばんにいい，3人にきいてもらいましょう。正しくいうことができていたら，サインをもらいましょう。 ❷ 長いすが7つあります。1つに8人ずつすわれます。ぜんぶで何人すわれますか。しきと答えをかきましょう。 ❸ 8×3の答えに8×2の答えをたすと，8にどんな数をかけた数とおなじになるか かんがえましょう。なぜそのようになるか，ブロックや図をつかい3人にせつめいし，なっとくしてもらえたら，サインをもらいましょう。
7	ぜんいんが，9のだんの九九の答えのもとめ方を せつめいすることができる。	❶ 1チーム9人でつなひきをします。4チームでは，何人になりますか。しきと答え，けいさんのしかたをかきましょう。 ❷ かけ算のきまり2つをつかって，9のだんの九九をつくりましょう。9のだんの九九のつくり方を3人にせつめいし，なっとくしてもらえたら，サインをもらいましょう。
8	ぜんいんが，9のだんの九九をおぼえ，もんだいをといたり つくったりすることが できる。	❶ 9のだんの九九カードをつくり，おぼえましょう。9のだんの九九をじゅんばんにいい，3人にきいてもらいましょう。正しくいうことができていたら，サインをもらいましょう。 ❷ ケーキを4はこかいました。どのはこにも，ケーキは9こ入っています。ケーキはぜんぶで何こありますか。しきと答えをかきましょう。 ❸ 9のだんのかけ算のもんだいをつくり，しきと答えをかきましょう。

9	ぜんいんが，1のだんの九九の答えのもとめ方をせつめいしたり，おぼえたりすることが できる。	❶ まさるさんは，1日に1本ずつぎゅうにゅうをのみます。6日かんでは，何本のみますか。 ❷ かけ算のきまり2つをつかって，1のだんの九九をつくりましょう。1のだんの九九のつくり方を3人にせつめいし，なっとくしてもらえたらサインをもらいましょう。 ❸ 1のだんの九九カードをつくり，おぼえましょう。
10	ぜんいんが，九九のひょうをつくり，見つけたきまりをせつめいすることができる。	❶ 1～9のだんまでの九九を，1まいにまとめた，九九のひょうをつくりましょう。 ❷ つくった九九のひょうを見て，きまりを3ついじょう見つけてかきましょう。見つけたきまりを3人にせつめいし，なっとくしてもらえたら，サインをもらいましょう。 ❸ （　　）にあてはまる数をかきましょう。
11	ぜんいんが，九九をこえたかけ算の計算のしかたを せつめいすることが できる。	❶ （　　）にあてはまる数をかきましょう。 ❷ ㋐，㋑に入る数をかけ算のきまりをつかってもとめましょう。また，計算のしかたをかきましょう。3人にせつめいし，なっとくしてもらえたら，サインをもらいましょう。 ※時間があまったら，ひょうにあいているところに入る数をかんがえましょう。
12 13	ぜんいんが，かけ算のれんしゅうもんだいをとくことが できる。	❶ れんしゅうもんだいをとき，まるつけをしましょう。 （きょうかしょのもんだいを ときましょう）

かけ算2 ❶

_____くみ_____ばん　名まえ_____

🏁 **ゴール**
ぜんいんが，6のだんの九九の答えのもとめ方を せつめいすることが できる。

チーズが1はこに6こずつ入っています。

❶ 1〜5はこ分までのチーズの数の，かけ算のしきをかきましょう。

(1) 1はこ分　　（　　）×（　　）=（　　）
(2) 2はこ分　　（　　）×（　　）=（　　）
(3) 3はこ分　　（　　）×（　　）=（　　）
(4) 4はこ分　　（　　）×（　　）=（　　）
(5) 5はこ分　　（　　）×（　　）=（　　）

❷ 6×2の答えは，えを見て数えずに，どのようにして，もとめることができるか，せつめいをかきましょう。

❸ かけ算には，「かける数が1ふえると，答えはかけられる数だけふえる」というふえ方のきまりがある。このことがなり立つことを，6のだんの九九をつかって，3人にせつめいし，なっとくしてもらえたら，サインをもらいましょう。

✏️ともだちのサイン　|　　　|　　　|　　　|

❹ かけ算のふえ方のきまりをつかって，6〜9はこ分の，チーズの数のかけ算のしきをかきましょう。

(1) 6はこ分　　（　　）×（　　）=（　　）
(2) 7はこ分　　（　　）×（　　）=（　　）
(3) 8はこ分　　（　　）×（　　）=（　　）
(4) 9はこ分　　（　　）×（　　）=（　　）

かけ算2 2

＿＿＿くみ　＿＿＿ばん　名まえ＿＿＿＿＿＿＿＿＿

🏁 **ゴール**

ぜんいんが，6のだんの九九をおぼえ，もんだいをとくことが できる。

❶ 6のだんの九九カードをつくり，おぼえましょう。6のだんの九九をじゅんばんにいい，3人にきいてもらいましょう。正しくいうことができていたら，サインをもらいましょう。

【6のだんの九九】

6 × 1 ＝ 6 ………… 六一（ろくいち）が 6（ろく）
6 × 2 ＝ 12 ………… 六二（ろくに）　　12（じゅうに）
6 × 3 ＝ 18 ………… 六三（ろくさん）　18（じゅうはち）
6 × 4 ＝ 24 ………… 六四（ろくし）　　24（にじゅうし）
6 × 5 ＝ 30 ………… 六五（ろくご）　　30（さんじゅう）
6 × 6 ＝ 36 ………… 六六（ろくろく）　36（さんじゅうろく）
6 × 7 ＝ 42 ………… 六七（ろくしち）　42（しじゅうに）
6 × 8 ＝ 48 ………… 六八（ろくは）　　48（しじゅうはち）
6 × 9 ＝ 54 ………… 六九（ろっく）　　54（ごじゅうし）

✏️ ともだちのサイン　|　　　|　　　|　　　|

❷ 1ふくろに6まいずつ入った食パンが，3ふくろあります。食パンはぜんぶで何まいありますか。しきと答えをかきましょう。

［しき］＿＿＿＿＿＿＿＿＿＿　［答え］＿＿＿＿＿＿＿＿＿＿

❸ 6のだんの九九をつかった もんだいをつくりましょう。
［もんだい］

❹ あめが1さらに6こ のっています。4さらでは 何こになるでしょうか。

［しき］＿＿＿＿＿＿＿＿＿＿　［答え］＿＿＿＿＿＿＿＿＿＿こ

かけ算2 ❸

_____くみ_____ばん　名まえ_____

🏁 **ゴール**
ぜんいんが，7のだんの九九の答えのもとめ方を せつめいすることが できる。

1 はこが 7 本入りのサインペンがあります。

❶ 1〜4 はこ分までのサインペンの数の，かけ算のしきをかきましょう。

(1) 1 はこ分　　　　　　　　(　　　) × (　　　) = (　　　)
(2) 2 はこ分　　　　　　　　(　　　) × (　　　) = (　　　)
(3) 3 はこ分　　　　　　　　(　　　) × (　　　) = (　　　)
(4) 4 はこ分　　　　　　　　(　　　) × (　　　) = (　　　)

❷ 7 のだんのかけ算の答えは，えを見て数えずに，どのようにして，もとめることができるか，せつめいをかきましょう。

❸ かけ算には，「かける数とかけられる数を入れかえても 答えはおなじ」というきまりがある。このことがなり立つことを，7 のだんの九九をつかって，3 人にせつめいし，なっとくしてもらえたら，サインをもらいましょう。

✏️ ともだちのサイン　|　　　|　　　|　　　|

❹ ❸のかけ算のきまりや，かけ算のふえ方のきまりをつかって，5〜9 はこ分の，サインペンの数のかけ算のしきをかきましょう。

(1) 5 はこ分　　　　　　　　(　　　) × (　　　) = (　　　)
(2) 6 はこ分　　　　　　　　(　　　) × (　　　) = (　　　)
(3) 7 はこ分　　　　　　　　(　　　) × (　　　) = (　　　)
(4) 8 はこ分　　　　　　　　(　　　) × (　　　) = (　　　)
(5) 9 はこ分　　　　　　　　(　　　) × (　　　) = (　　　)

かけ算2 ④

＿＿＿くみ＿＿＿ばん　名まえ＿＿＿＿＿＿＿＿＿＿

🏁 ゴール

ぜんいんが，7のだんの九九をおぼえ，もんだいをとくことが できる。

❶ 7のだんの九九カードをつくり，おぼえましょう。7のだんの九九をじゅんばんにいい，3人にきいてもらいましょう。正しくいうことができていたら，サインをもらいましょう。

【7のだんの九九】

7 × 1 ＝ 7 ……… 七一（しちいち）が 7（しち）
7 × 2 ＝ 14 ……… 七二（しちに）　14（じゅうし）
7 × 3 ＝ 21 ……… 七三（しちさん）21（にじゅういち）
7 × 4 ＝ 28 ……… 七四（しちし）　28（にじゅうはち）
7 × 5 ＝ 35 ……… 七五（しちご）　35（さんじゅうご）
7 × 6 ＝ 42 ……… 七六（しちろく）42（しじゅうに）
7 × 7 ＝ 49 ……… 七七（しちしち）49（しじゅうく）
7 × 8 ＝ 56 ……… 七八（しちは）　56（ごじゅうろく）
7 × 9 ＝ 63 ……… 七九（しちく）　63（ろくじゅうさん）

✏ともだちのサイン

❷ 1しゅうかんは，7日です。4しゅうかんでは，何日になるでしょうか。しきと答えをかきましょう。

［し　き］＿＿＿＿＿＿＿＿　［答え］＿＿＿＿＿＿＿＿

❸ 7×5の答えはわかるのですが，7×6の答えがわからなくなったともだちがいます。どのようにおしえてあげればよいか かんがえ，しきをつかって，おしえ方のせつめいをかきましょう。3人にせつめいし，なっとくしてもらえたら，サインをもらいましょう。

✏ともだちのサイン

かけ算2 5

_____くみ_____ばん　名まえ_____

🏁ゴール

ぜんいんが，8のだんの九九の答えのもとめ方を せつめいすることが できる。

❶ あめを1人に8こずつあげます。3人分では,何こ ひつようでしょうか。しきと答え,けいさんのしかたをかきましょう。

　　[し　き]_____　　[答　え]_____

[けいさんのしかた]

❷ かけ算のきまり2つをつかって，8のだんの九九をつくりましょう。8のだんの九九のつくり方を3人にせつめいし，なっとくしてもらえたら，サインをもらいましょう。

✏ともだちのサイン　|　　　|　　　|　　　|

かけ算2 ⑥

＿＿＿くみ ＿＿＿ばん 名まえ＿＿＿＿＿＿＿＿

🏁 **ゴール**

ぜんいんが，8のだんの九九をおぼえ，もんだいをとくことができる。

❶ 8のだんの九九カードをつくり，おぼえましょう。8のだんの九九をじゅんばんにいい，3人にきいてもらいましょう。正しくいうことができていたら，サインをもらいましょう。

【8のだんの九九】

8 × 1 ＝ 8 ……… 八一（はちいち） が8（はち）
8 × 2 ＝ 16 ……… 八二（はちに） 16（じゅうろく）
8 × 3 ＝ 24 ……… 八三（はちさん） 24（にじゅうし）
8 × 4 ＝ 32 ……… 八四（はちし） 32（さんじゅうに）
8 × 5 ＝ 40 ……… 八五（はちご） 40（しじゅう）
8 × 6 ＝ 48 ……… 八六（はちろく） 48（しじゅうはち）
8 × 7 ＝ 56 ……… 八七（はちしち） 56（ごじゅうろく）
8 × 8 ＝ 64 ……… 八八（はっぱ） 64（ろくじゅうし）
8 × 9 ＝ 72 ……… 八九（はっく） 72（しちじゅうに）

✏️ ともだちのサイン

❷ 長いすが7つあります。1つに8人ずつすわれます。ぜんぶで何人すわれますか。しきと答えをかきましょう。

[しき] ＿＿＿＿＿＿＿＿＿＿＿＿＿＿＿＿

[答え] ＿＿＿＿＿＿＿＿＿＿＿＿＿＿＿＿

❸ 8×3の答えに8×2の答えをたすと，8にどんな数をかけた数とおなじになるかかんがえましょう。なぜそのようになるか，ブロックや図をつかい3人にせつめいし，なっとくしてもらえたらサインをもらいましょう。

(1) 8×3の答えに8×2の答えをたすと，8×（　　　　）とおなじになる。

✏️ ともだちのサイン

かけ算2 ７

_____くみ_____ばん 名まえ_____

🏁 **ゴール**

ぜんいんが、9のだんの九九の答えのもとめ方を せつめいすることが できる。

❶ 1チーム9人でつなひきをします。4チームでは、何人になりますか。
しきと答え、けいさんのしかたをかきましょう。

［し き］_____

［答 え］_____

［けいさんのしかた］

❷ かけ算のきまり2つをつかって、9のだんの九九をつくりましょう。9のだんの九九のつくり方を3人にせつめいし、なっとくしてもらえたら、サインをもらいましょう。

✏ ともだちのサイン

かけ算2 8

_____くみ _____ばん 名まえ_____

🏁 **ゴール**

ぜんいんが，9のだんの九九をおぼえ，もんだいをといたり つくったりすることが できる。

❶ 9のだんの九九カードをつくり，おぼえましょう。9のだんの九九をじゅんばんにいい，3人にきいてもらいましょう。正しくいうことができていたら，サインをもらいましょう。

【9のだんの九九】

9 × 1 ＝ 9 ……… 九一（くいち）が 9（く）
9 × 2 ＝ 18 ……… 九二（くに）　　18（じゅうはち）
9 × 3 ＝ 27 ……… 九三（くさん）　27（にじゅうしち）
9 × 4 ＝ 36 ……… 九四（くし）　　36（さんじゅうろく）
9 × 5 ＝ 45 ……… 九五（くご）　　45（しじゅうご）
9 × 6 ＝ 54 ……… 九六（くろく）　54（ごじゅうし）
9 × 7 ＝ 63 ……… 九七（くしち）　63（ろくじゅうさん）
9 × 8 ＝ 72 ……… 九八（くは）　　72（しちじゅうに）
9 × 9 ＝ 81 ……… 九九（くく）　　81（はちじゅういち）

✏ ともだちのサイン　|　　|　　|　　|

❷ ケーキを4はこかいました。どのはこにも，ケーキは9こ入っています。ケーキはぜんぶで何こありますか。しきと答えをかきましょう。

［し き］_____　　［答 え］_____

❸ 9のだんのかけ算のもんだいをつくり，しきと答えをかきましょう。

［もんだい文］

［し き］_____　　［答 え］_____

かけ算2 ⑨

_____くみ_____ばん　名まえ_____

🏁 **ゴール**

ぜんいんが，1のだんの九九の答えのもとめ方をせつめいしたり，おぼえたりすることが できる。

❶ まさるさんは，1日に1本ずつぎゅうにゅうをのみます。6日かんでは，何本のみますか。

［し　き］_____

［答　え］_____

❷ かけ算のきまり2つをつかって，1のだんの九九をつくりましょう。1のだんの九九のつくり方を3人にせつめいし，なっとくしてもらえたら，サインをもらいましょう。
［1のだんの九九］

❸ 1のだんの九九カードをつくり，おぼえましょう。

✏ ともだちのサイン

かけ算2 ⓾

_____くみ_____ばん 名まえ_____

🏁 **ゴール**

ぜんいんが，九九のひょうをつくり，見つけたきまりを せつめいすることが できる。

❶ 1〜9のだんまでの九九を，1まいにまとめた，九九のひょうをつくりましょう。

	1	2	3	4	5	6	7	8	9
1									
2									
3									
4									
5									
6									
7									
8									
9									

❷ つくった九九のひょうを見て，きまりを3ついじょう見つけてかきましょう。
　見つけたきまりを3人にせつめいし，なっとくしてもらえたら，サインをもらいましょう。

✏️ ともだちのサイン ☐ ☐ ☐

❸ ( ) にあてはまる数をかきましょう。

(1) $6 \times 8 = 6 \times 7 + ($ 　　$)$ 　　(2) $5 \times 5 = 5 \times 4 + ($ 　　$)$

(3) $3 \times 7 = 3 \times 6 + ($ 　　$)$ 　　(4) $9 \times 4 = 9 \times 3 + ($ 　　$)$

(5) $2 \times 6 = 6 \times ($ 　　$)$ 　　(6) $7 \times 9 = ($ 　　$) \times 7$

かけ算2 11

＿＿＿くみ ＿＿＿ばん 名まえ＿＿＿＿＿＿＿＿＿＿

🏁 **ゴール**

ぜんいんが，九九をこえたかけ算の計算のしかたを せつめいすることが できる。

	1	2	3	4	5	6	7	8	9	10	11	12
1	1	2	3	4	5	6	7	8	9			
2	2	4	6	8	10	12	14	16	18			
3	3	6	9	12	15	18	21	24	27			
4	4	8	12	16	20	24	28	32	36		㋑	
5	5	10	15	20	25	30	35	40	45			
6	6	12	18	24	30	36	42	48	54			
7	7	14	21	28	35	42	49	56	63			
8	8	16	24	32	40	48	56	64	72			
9	9	18	27	36	45	54	63	72	81			
10												
11				㋐								
12												

❶ （　）にあてはまる数をかきましょう。

(1) ㋐には，（　　　）×（　　　）の答えが入ります。

(2) ㋑には，（　　　）×（　　　）の答えが入ります。

❷ ㋐，㋑に入る数をかけ算のきまりをつかってもとめましょう。また，計算のしかたをかきましょう。3人にせつめいし，なっとくしてもらえたら，サインをもらいましょう。

㋐（　　　　　　　　　　）　　㋑（　　　　　　　　　　　　）

※時間があまったら，ひょうにあいているところに入る数をかんがえましょう。

かだい 11　10000までの数

	めあて（GOAL）	課題
1	ぜんいんが，1000より大きい数を数え，正しくかいたりよんだりすることが できる。	❶ カードがあらわす数をかんがえます。 　(1) (　　) にあてはまる数をかきましょう。 　(2) 数を数字でかきましょう。 ❷ おりがみのまい数を数え，数字でかきましょう。また，数え方を「1000」，「100」，「10」，「1」，ということばをつかってかきましょう。3人にせつめいし，なっとくしてもらえたら，サインをもらいましょう。 ❸ かん字でかかれた数を 数字でかきましょう。
2	ぜんいんが，1000より大きい数の数え方を せつめいすることが できる。	❶ カードがあらわす数をかんがえます。カードは3148をあらわしています。そのりゆうをかきましょう。 ❷ カードがあらわす数を数字でかきましょう。また，そのりゆうをかきましょう。3人にせつめいし，なっとくしてもらえたら，サインをもらいましょう。 ❸ (　　) にあてはまる数をかきましょう。
3	ぜんいんが，文をしきであらわしたり，大小のくらべ方を せつめいしたりできる。	❶ つぎの文をしきにあらわしましょう。なぜそうあらわせるか，りゆうもかきましょう。6950は，6000と900と50をあわせた数です。 ❷ じぶんできめた4けたの数で❶のような文と，しきをかきましょう。 ❸ つぎの数の大小をくらべ，＞か＜をつかってあらわしましょう。くらべ方を3人にせつめいし，なっとくしてもらえたら，サインをもらいましょう。
4	ぜんいんが，1000より大きい数を，100が何こあつまっているか せつめいできる。	❶ 100を15こ あつめた数はいくつか，かきましょう。 ❷ 1400は100を何こ あつめた数か かんがえ，答えとそのりゆうをかきましょう。3人にせつめいし，なっとくしてもらえたら，サインをもらいましょう。 ❸ つぎの (　　) にあてはまる数をかきましょう。

5	ぜんいんが，数の線があらわす数のよみ方をせつめいすることができる。	❶ 数の線を見て，めもりがあらわす数を かきましょう。 ❷ ❶の数の線に4800をあらわすめもりに，↑をかきましょう。なぜ，そこが4800をあらわすか，りゆうをかきましょう。3人にせつめいし，なっとくしてもらえたら，サインをもらいましょう。 ❸ 数の線を見て，めもりがあらわす数をかきましょう。
6	ぜんいんが，1万や4けたの数をいろいろな見方でいうことが できる。	❶ 1万はどんな数か。つぎのかき出しにあうように，せつめいをかきましょう。 ❷ ❶のほかに，1万をどんな数ということができるか，じぶんでかんがえてかきましょう。 ❸ 4700をいろいろな見方でいいます。（　　）にあてはまる数をかきましょう。 ❹ 5500を3とおりの見方でかきましょう。3人にせつめいし，なっとくしてもらえたら，サインをもらいましょう。
7	ぜんいんが，れんしゅうもんだいを とくことができる。	❶ 力だめしもんだいをとき，まるつけをしましょう。 （きょうかしょのもんだいを ときましょう）

10000 までの数 1

_____くみ_____ばん　名まえ_____

🏁ゴール

ぜんいんが，1000 より大きい数を数え，正しくかいたりよんだりすることが できる。

❶ カードがあらわす数をかんがえます。

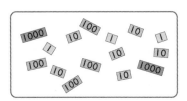

(1) （　）にあてはまる数をかきましょう。

　　1000 が（　　　）こ，100 が（　　　）こ，

　　10 が（　　　）こ，1 が（　　　）こあります。

(2) 数を数字でかきましょう。

千のくらい	百のくらい	十のくらい	一のくらい

❷ おりがみのまい数を数え，数字でかきましょう。また，数え方を「1000」，「100」，「10」，「1」，ということばをつかってかきましょう。3 人にせつめいし，なっとくしてもらえたら，サインをもらいましょう。

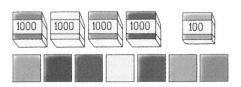

_____ まい

✏ ともだちのサイン

❸ かん字でかかれた数を 数字でかきましょう。

(1) 千六百四十八（　　　　　）　　(2) 三千九十（　　　　　）

101

10000までの数 ❷

_____くみ _____ばん 名まえ_____

🏁 ゴール

ぜんいんが，1000より大きい数の数え方を せつめいすることが できる。

❶ カードがあらわす数をかんがえます。カードは3148をあらわしています。
そのりゆうをかきましょう。

千のくらい	百のくらい	十のくらい	一のくらい

❷ カードがあらわす数を数字でかきましょう。また，そのりゆうをかきましょう。3人に
せつめいし，なっとくしてもらえたらサインをもらいましょう。

千のくらい	百のくらい	十のくらい	一のくらい

✏️ ともだちのサイン

❸ ( ) にあてはまる数をかきましょう。

(1) 1000を5こ，100を7こ，10を2こ，1を8こ あわせた数は，

( ) です。

(2) 7604は，1000を( )こ，100を( )こ，

1を( )こ あわせた数です。

(3) 千のくらいが4，百のくらいが8，十のくらいが1，一のくらいが0の数は，

( ) です。

10000 までの数 ❸

_____くみ_____ばん　名まえ_____

🏁 **ゴール**

ぜんいんが, 文をしきであらわしたり, 大小のくらべ方を せつめいしたりできる。

❶ つぎの文をしきにあらわしましょう。なぜそうあらわせるか, りゆうもかきましょう。
　6950 は, 6000 と 900 と 50 をあわせた数です。

6950 =（　　　　　　　）+（　　　　　　　）+（　　　　　　　）

［りゆう］

❷ じぶんできめた 4 けたの数で❶のような文と, しきをかきましょう。

［ 文 ］_____

［しき］_____

❸ つぎの数の大小をくらべ, ＞か＜をつかってあらわしましょう。くらべ方を 3 人にせつめいし, なっとくしてもらえたら, サインをもらいましょう。

(1) 7000（　　　）6820

千のくらい	百のくらい	十のくらい	一のくらい

(2) 5039（　　　）5041

千のくらい	百のくらい	十のくらい	一のくらい

(3) 3396（　　　）3401

千のくらい	百のくらい	十のくらい	一のくらい

✏ ともだちのサイン

10000までの数 ④

＿＿＿くみ ＿＿＿ばん 名まえ＿＿＿＿＿＿＿＿＿＿＿

🏁 ゴール
ぜんいんが，1000より大きい数を，100が何こあつまっているか せつめいできる。

❶ 100を15こ あつめた数はいくつか，かきましょう。

(　　　　　　　　　　　　　　　)

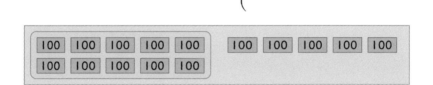

❷ 1400は100を何こ あつめた数か かんがえ，答えとそのりゆうをかきましょう。3人にせつめいし，なっとくしてもらえたら，サインをもらいましょう。

1400は100を（　　　　　　　）こ あつめた数です。

[りゆう]

✏ ともだちのサイン ｜　　　　｜　　　　｜　　　　｜

❸ つぎの（ ）にあてはまる数をかきましょう。

(1) 100を38こ あつめた数は，（　　　　　　）です。

(2) 100を70こ あつめた数は，（　　　　　　）です。

(3) 100を49こ あつめた数は，（　　　　　　）です。

(4) 5900は，100を（　　　　　　）こ あつめた数です。

(5) 2000は，100を（　　　　　　）こ あつめた数です。

(6) 8300は，100を（　　　　　　）こ あつめた数です。

10000 までの数 5

_____くみ_____ばん 名まえ_____

🏁ゴール
ぜんいんが,数の線があらわす数のよみ方を せつめいすることが できる。

❶ 数の線を見て,めもりがあらわす数を かきましょう。

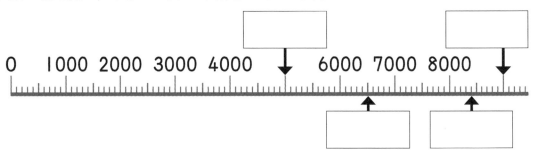

❷ ❶の数の線に 4800 をあらわすめもりに,↑をかきましょう。
なぜ,そこが 4800 をあらわすか,りゆうをかきましょう。3 人にせつめいし,なっとくしてもらえたら,サインをもらいましょう。

✏ ともだちのサイン [   ] [   ] [   ]

❸ 数の線を見て,めもりがあらわす数をかきましょう。

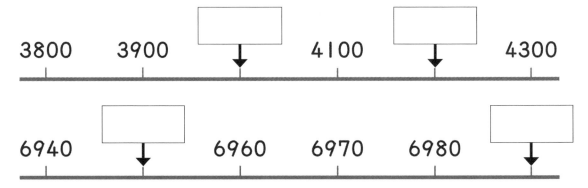

10000 までの数 6

_____くみ _____ばん　名まえ_____

🏁 **ゴール**
ぜんいんが、1万や4けたの数をいろいろな見方でいうことが できる。

❶ 1万はどんな数か。つぎのかき出しにあうように、せつめいをかきましょう。

(1) 1000 を
_____

(2) 9999 より
_____

(3) 100 を
_____

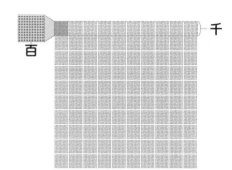

❷ ❶のほかに、1万をどんな数ということができるか、じぶんでかんがえてかきましょう。

❸ 4700 をいろいろな見方でいいます。(　　) にあてはまる数をかきましょう。

(1) 4700 は (　　　　　　) と 700 をあわせた数です。

(2) 4700 は、5000 より (　　　　　　) 小さい数です。

(3) 4700 は、100 を (　　　　　　) こ あつめた数です。

(4) (1) のことばをしきにして…4700 = (　　　　　) + (　　　　　)

❹ 5500 を 3 とおりの見方でかきましょう。3 人にせつめいし、なっとくしてもらえたら、サインをもらいましょう。

✏ ともだちのサイン　| | | |

106

かだい 12 長さ

	めあて（GOAL）	課題
1	ぜんいんが，長さをmをつかってあらわすことができる。	❶ りょう手をひろげて，テープにうつしましょう。テープの長さをはかり，○○cmとあらわしましょう。 ❷ （　　）にあてはまることばや きごう，数をかきましょう。 ❸ じぶんのりょう手をひろげた長さを○m○cmとあらわしましょう。また，そうかんがえたりゆうをかきましょう。3人にせつめいし，なっとくしてもらえたら，サインをもらいましょう。 ❹ （　　）にあてはまる数をかきましょう。
2	ぜんいんが，みのまわりのものの長さをはかり，○m○cmとあらわすことが できる。	❶ 下のテープの長さを，2つのいい方（○○cm，○m○cm）であらわしましょう。 ❷ 1mの長さをよそうして，テープを1本きりましょう。 ❸ 1mものさしをつかって，きったテープの長さをはかりましょう。 ❹ 1mものさしをつかって，みのまわりにあるものの長さを3ついじょうはかりましょう。はかったら，3人にしょうかいし，サインをもらいましょう。 ❺ こくばんのよこの長さをはかったら，1mものさしでちょうど4つ分でした。よこの長さは，何mですか。また，何cmですか。

3	ぜんいんが，○m○cmの長さのたし算や ひき算の計算のしかたを せつめいすることが できる。	❶ 3m30cmのぼうに，2mのぼうをつなぎます。つないだ長さは，何m何cmになりますか。しき，答え，計算のしかたをかきましょう。計算のしかたには，「たんい」ということばを かならずつかいましょう。 ❷ 3m30cmのぼうと2mのぼうのちがいは，何m何cmになりますか。しき，答え，計算のしかたをかきましょう。計算のしかたには，「たんい」ということばを かならずつかいましょう。 ❸ ❶❷の計算のしかたを3人にせつめいし，なっとくしてもらえたら，サインをもらいましょう。 ❹ 7m50cmのひもから6m切りとると，のこりは何m何cmになりますか。 ❺ （　　）にあてはまる長さのたんいをかきましょう。
4	ぜんいんが，れんしゅうもんだいを とくことができる。	❶ れんしゅうもんだいをとき，まるつけをしましょう。 ❷ 力だめしもんだいをとき，まるつけをしましょう。 　（きょうかしょのもんだいを ときましょう）

長さ 1

_____くみ _____ばん　名まえ_____

🏁 **ゴール**

ぜんいんが，長さをmをつかってあらわすことが できる。

❶ りょう手をひろげて，テープにうつしましょう。テープの長さをはかり，
　○○cmとあらわしましょう。

　[じぶんのりょう手をひろげた長さ] _____ cm

❷ (　) にあてはまることばや きごう，数をかきましょう。
　　　　　　　　[ことば]　　　　　　　　[きごう]
100 cmを 1 (　　　　　　) といい，1 (　　　　　　) とかきます。

mも長さをあらわすたんいです。2 mは，(　　　　　　) cmです。

❸ じぶんのりょう手をひろげた長さを○m○cmとあらわしましょう。
　また，そうかんがえたりゆうをかきましょう。3 人にせつめいし，なっとくしてもらえたら，
　サインをもらいましょう。

　[じぶんのりょう手をひろげた長さ] _____ m _____ cm

[りゆう]

✏️ ともだちのサイン　| 　　　 | 　　　 | 　　　 |

❹ (　) にあてはまる数をかきましょう。

　(1) 1 m = (　　　　　) cm　　(2) 300 cm = (　　　　　) m

　(3) 2 m 50 cm = (　　　　　) cm

　(4) 180 cm = (　　　　　) m (　　　　　) cm

長さ 2

_____くみ_____ばん　名まえ_____

🏁 **ゴール**

ぜんいんが，みのまわりのものの長さをはかり，○m○cmとあらわすことが できる。

❶ 下のテープの長さを，2つのいい方（○○cm，○m○cm）であらわしましょう。

　-30cm-　-30cm-　-30cm-　-30cm-　-30cm-
　　　　　　　　1m

［テープの長さ］

（　　　　　　）cm,

（　　　　　）m（　　　　　　）cm

❷ 1mの長さをよそうして，テープを1本きりましょう。

❸ 1mものさしをつかって，きったテープの長さをはかりましょう。

［テープの長さ］

（　　　　　）m（　　　　　　）cm

❹ 1mものさしをつかって，みのまわりにあるものの長さを3ついじょうはかりましょう。
はかったら，3人にしょうかいし，サインをもらいましょう。

はかったもの	長さ	
①	m	cm
②	m	cm
③	m	cm

✏ ともだちのサイン　|　　　|　　　|　　　|

❺ こくばんのよこの長さをはかったら，1mものさしでちょうど4つ分でした。
よこの長さは，何mですか。また，何cmですか。

(1) 何m（　　　　　　　）　　(2) 何cm（　　　　　　　）

長さ 3

_____くみ _____ばん 名まえ_____

🏁ゴール

ぜんいんが，○m○cmの長さのたし算や ひき算の計算のしかたを せつめいすることが できる。

❶ 3m30cmのぼうに，2mのぼうをつなぎます。つないだ長さは，何m何cmになりますか。しき，答え，計算のしかたをかきましょう。計算のしかたには，「たんい」ということばをかならずつかいましょう。

　　［しき］_____　　［答え］_____

［計算のしかた］

❷ 3m30cmのぼうと2mのぼうのちがいは，何m何cmになりますか。しき，答え，計算のしかたをかきましょう。計算のしかたには，「たんい」ということばを かならずつかいましょう。

　　［しき］_____　　［答え］_____

［計算のしかた］

❸ ❶❷の計算のしかたを3人にせつめいし，なっとくしてもらえたら，サインをもらいましょう。

　　✏️ともだちのサイン ｜　　　｜　　　｜　　　｜

❹ 7m50cmのひもから6mきりとると，のこりは何m何cmになりますか。

　　［しき］_____　　［答え］_____

❺ （　）にあてはまる長さのたんいをかきましょう。

　(1) えんぴつの長さ… 16 （　　　　　）　(2) ろうかのはば… 3 （　　　　　）

　(3) 計算のドリルのあつさ… 3 （　　　　　）

かだい13 たし算とひき算

めあて（GOAL）	課題
1 ぜんいんが，テープ図をつかい，たし算になるか，ひき算になるか，せつめいすることが できる。	校ていで，子どもが35人あそんでいます。そのうち，女の子は16人で，男の子は19人です。このことを図にあらわしましょう。 ❶ 図の（　）に，あてはまる数をかきましょう。 ❷ 上の図の人数の，どれかを□でかくし，その数をもとめるしきと，答えをかきましょう。 　(1) あそんでいる子どもの人数がわからないとき 　(2) 女の子の人数がわからないとき 　(3) 男の子の人数がわからないとき ❸ どんなときにたし算のしきになり，どんなときにひき算のしきになるか，テープ図をつかい，3人にせつめいし，なっとくしてもらえたら，サインをもらいましょう。
2 ぜんいんが，文しょうもんだいをテープ図をかいて とくことができる①。	❶ ジュースが16本あります。何本か かってきたので，ぜんぶで24本になりました。かってきたジュースは，何本ですか。 　(1) わかっている数を図の（　）にかきましょう。わからない数は□をかきましょう。 　(2) テープ図をもとにして，しきと答えをかきましょう。 ❷ 子どもが29人あそんでいます。何人かきたので，ぜんぶで40人になりました。子どもは，あとから何人きましたか。テープ図をかいてかんがえ，しき，答えをかきましょう。なぜそのようなテープ図，しきになったか，3人にせつめいし，なっとくしてもらえたら，サインをもらいましょう。

3	ぜんいんが，文しょうもんだいをテープ図をかいてとくことができる②。	❶ テープが 15 m あります。何mかつかって，まだ 6 m のこっています。つかったテープは何mですか。 （1）「はじめにあった」，「つかった」，「のこり」ということばをつかって，もんだい文にあうようにテープ図をかきましょう。 （2）テープ図をもとにして，しきと答えをかきましょう。 ❷ あめが 27 こ あります。いくつかあげて，まだ 9 こ のこっています。あげたあめは，何こ ですか。テープ図をかいてかんがえ，しき，答えをかきましょう。なぜそのようなテープ図，しきになったか，3 人にせつめいし，なっとくしてもらえたら，サインをもらいましょう。
4	ぜんいんが，文しょうもんだいをテープ図をかいてとくことができる③。	❶ いろがみが何まいかあります。19 まいつかったので，のこりが 13 まいになりました。いろがみは，はじめ何まいありましたか。 （1）もんだい文にあうように，テープ図をかきましょう。 （2）テープ図をもとにして，しきと答えをかきましょう。 ❷ りんごが何こかあります。14 こ たべたので，のこりのりんごが 27 こ になりました。りんごは，はじめ何こ ありましたか。テープ図をかいてかんがえ，しき，答えをかきましょう。なぜそのようなテープ図，しきになったか，3 人にせつめいし，なっとくしてもらえたら，サインをもらいましょう。

5	ぜんいんが，文しょうもんだいをテープ図をかいて とくことができる④。	❶ バスに何人かのっています。バスていで18人のってきたので,みんなで30人になりました。バスには，はじめ何人のっていましたか。 （1）もんだい文にあうように，テープ図をかきましょう。 （2）テープ図をもとにして，しきと答えをかきましょう。 ❷ はとが何わか います。11わ とんできたので，ぜんぶで28わになりました。はとは はじめに何わ いましたか。テープ図をかき，しきと答えをかきましょう。また，なぜそのようなテープ図，しきになったのか，3人にせつめいし，なっとくしてもらえたら，サインをもらいましょう。
6	ぜんいんが，数をじぶんできめて，もんだいをつくることができる。	❶ もんだい文の（　　）に入る数をじぶんできめて，かきましょう。また，もんだい文にあうように，テープ図をかき，しきと答えをかきましょう。 ❷ もんだい文の（　　）に入る数をじぶんできめて，かきましょう。また，もんだい文にあうように，テープ図をかき，しきと答えをかきましょう。なぜそのようなテープ図，しきになったのか，3人にせつめいし，なっとくしてもらえたら，サインをもらいましょう。

たし算とひき算 ①

＿＿＿くみ ＿＿＿ばん 名まえ＿＿＿＿＿＿＿＿

🏁 **ゴール**

> ぜんいんが，テープ図をつかい，たし算になるか，ひき算になるか，せつめいすることが できる。

校ていで，子どもが 35 人あそんでいます。そのうち，女の子は 16 人で，男の子は 19 人です。このことを図にあらわしましょう。

❶ 図の（　）に，あてはまる数をかきましょう。

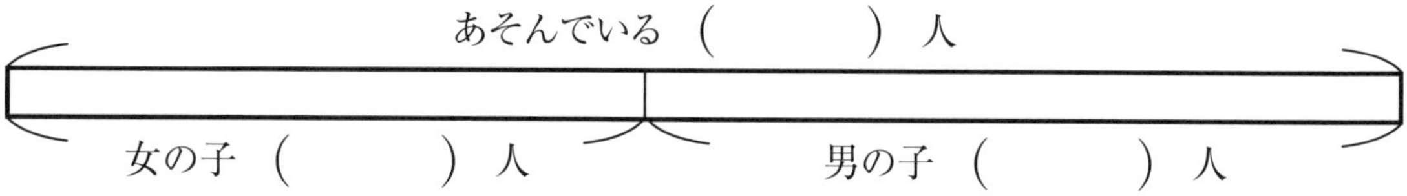

あそんでいる（　　）人
女の子（　　）人　　男の子（　　）人

❷ 上の図の人数の，どれかを□でかくし，その数をもとめるしきと，答えをかきましょう。

(1) あそんでいる子どもの人数がわからないとき

あそんでいる（ □ ）人
女の子（ 16 ）人　　男の子（ 19 ）人

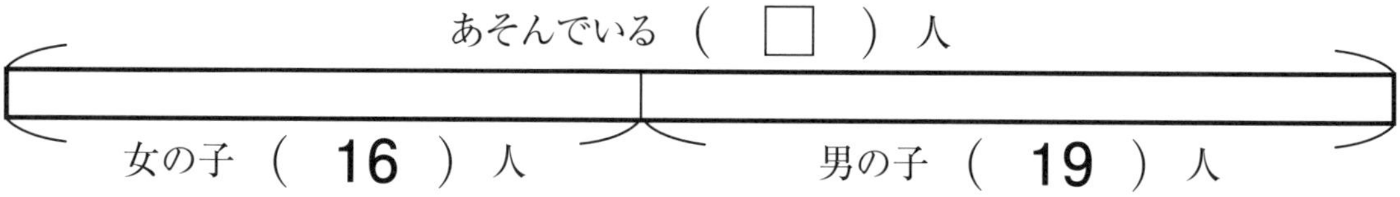

[しき] ＿＿＿＿＿＿　[答え] ＿＿＿＿＿＿

(2) 女の子の人数がわからないとき

あそんでいる（ 35 ）人
女の子（ □ ）人　　男の子（ 19 ）人

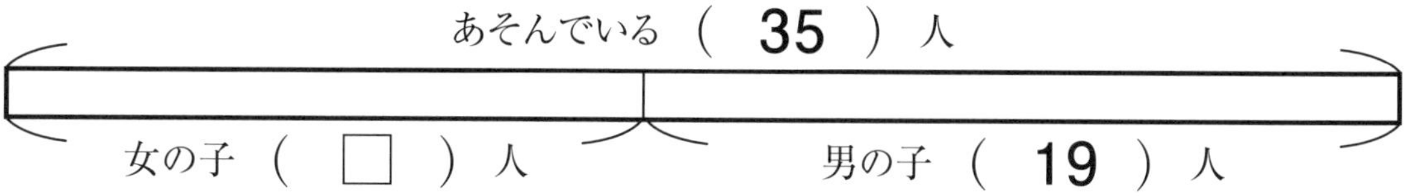

[しき] ＿＿＿＿＿＿　[答え] ＿＿＿＿＿＿

(3) 男の子の人数がわからないとき

あそんでいる（ 35 ）人
女の子（ 16 ）人　　男の子（ □ ）人

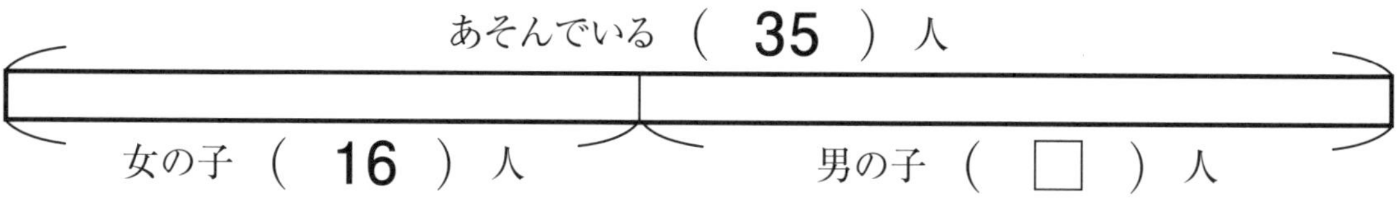

[しき] ＿＿＿＿＿＿　[答え] ＿＿＿＿＿＿

❸ どんなときに たし算のしきになり，どんなときに ひき算のしきになるか，テープ図をつかい，3 人にせつめいし，なっとくしてもらえたら，サインをもらいましょう。

✏️ ともだちのサイン ｜　　｜　　｜　　｜

たし算とひき算 2

____くみ ____ばん 名まえ_____

🏁 **ゴール**
ぜんいんが，文しょうもんだいをテープ図をかいて とくことができる①。

❶ ジュースが 16 本あります。何本か かってきたので，ぜんぶで 24 本になりました。かってきたジュースは，何本ですか。

(1) わかっている数を図の（　）にかきましょう。わからない数は□をかきましょう。

ぜんぶで（　　　）本

はじめ（　　　）本　　　かってきた（　　　）本

(2) テープ図をもとにして，しきと答えをかきましょう。

[しき] _____　　[答え] _____

❷ 子どもが 29 人あそんでいます。何人かきたので，ぜんぶで 40 人になりました。子どもは，あとから何人きましたか。テープ図をかいてかんがえ，しき，答えをかきましょう。なぜそのようなテープ図，しきになったか，3 人にせつめいし，なっとくしてもらえたら，サインをもらいましょう。

[しき] _____　　[答え] _____

✏ ともだちのサイン

たし算とひき算 3

_____くみ_____ばん　名まえ_____

🏁 **ゴール**

ぜんいんが，文しょうもんだいをテープ図をかいて とくことができる②。

❶ テープが 15 m あります。何mかつかって，まだ 6 m のこっています。つかったテープは何mですか。

(1) 「はじめにあった」,「つかった」,「のこり」ということばをつかって，もんだい文にあうようにテープ図をかきましょう。

(2) テープ図をもとにして，しきと答えをかきましょう。

[しき]_____　　[答え]_____

❷ あめが 27 こ あります。いくつかあげて，まだ 9 こ のこっています。あげたあめは，何こですか。テープ図をかいてかんがえ,しき,答えをかきましょう。なぜそのようなテープ図,しきになったか,3 人にせつめいし,なっとくしてもらえたら,サインをもらいましょう。

[しき]_____　　[答え]_____

✏️ ともだちのサイン

たし算とひき算 4

_____くみ_____ばん 名まえ_____

🏁 **ゴール**

ぜんいんが，文しょうもんだいをテープ図をかいて とくことができる③。

❶ いろがみが何まいかあります。19まいつかったので，のこりが13まいになりました。いろがみは，はじめ何まいありましたか。

（1）もんだい文にあうように，テープ図をかきましょう。

（2）テープ図をもとにして，しきと答えをかきましょう。

[しき]_____ [答え]_____

❷ りんごが何こかあります。14こたべたので，のこりのりんごが27こになりました。りんごは，はじめ何こありましたか。テープ図をかいてかんがえ，しき，答えをかきましょう。なぜそのようなテープ図，しきになったか，3人にせつめいし，なっとくしてもらえたら，サインをもらいましょう。

[しき]_____ [答え]_____

✏ ともだちのサイン | | | |

たし算とひき算 ５

＿＿＿くみ＿＿＿ばん　名まえ＿＿＿＿＿＿＿＿＿＿

🏁 **ゴール**

ぜんいんが, 文しょうもんだいをテープ図をかいて とくことができる④。

❶ バスに何人かのっています。バスていで 18 人のってきたので, みんなで 30 人になりました。バスには, はじめ何人のっていましたか。

(1) もんだい文にあうように, テープ図をかきましょう。

(2) テープ図をもとにして, しきと答えをかきましょう。

[し　き]＿＿＿＿＿＿＿＿＿＿＿＿　　[答え]＿＿＿＿＿＿＿＿＿＿＿＿

❷ はとが何わか います。11 わ とんできたので, ぜんぶで 28 わになりました。はとは はじめに何わ いましたか。テープ図をかき, しきと答えをかきましょう。また, なぜそのようなテープ図, しきになったのか, 3 人にせつめいし, なっとくしてもらえたら, サインをもらいましょう。

[し　き]＿＿＿＿＿＿＿＿＿＿＿＿　　[答え]＿＿＿＿＿＿＿＿＿＿＿＿

✏ ともだちのサイン

たし算とひき算 ６

_____くみ _____ばん 名まえ_____

🏁 **ゴール**

ぜんいんが，数をじぶんできめて，もんだいをつくることができる。

❶ もんだい文の（　）に入る数をじぶんできめて，かきましょう。
　　また，もんだい文にあうように，テープ図をかき，しきと答えをかきましょう。

［もんだい文］
クッキーが何まいかあります。（　　　　）まいくばったので，のこりが７まいになりました。クッキーは，はじめ何まいありましたか。

［テープ図］

［し　き］_____　　　［答　え］_____

❷ もんだい文の（　）に入る数をじぶんできめて，かきましょう。また，もんだい文にあうように，テープ図をかき，しきと答えをかきましょう。なぜそのようなテープ図，しきになったのか，３人にせつめいし，なっとくしてもらえたら，サインをもらいましょう。

［もんだい文］
シールが 25 まいあります。何まいかもらったので，ぜんぶで（　　　　　）まいになりました。もらったシールは何まいですか。

［テープ図］

［し　き］_____　　　［答　え］_____

✏ ともだちのサイン | | | |

かだい14 分数

	めあて（GOAL）	課題
1	ぜんいんが，$\frac{1}{2}$，$\frac{1}{4}$ の大きさについてしり，せつめいすることができる。	❶ おりがみをおなじ大きさに2つにわけます。どのようなわけ方があるでしょうか。直線のひき方を，4とおりかんがえて，直線をかきましょう。 ❷ もとの大きさの $\frac{1}{2}$（二分の一）とは，どのような大きさをいみしているか，「おなじ大きさ」「1つ分」ということばをつかってかきましょう。 ❸ おりがみを2かいおり，おなじ大きさになるようにわけましょう。できた形の大きさは，もとのおりがみの大きさの，何分の一といえばよいか，かきましょう。なぜそういえるのか「おなじ大きさ」「1つ分」ということばをつかってかきましょう。3人にせつめいし，なっとくしてもらえたら，サインをもらいましょう。 ❹ つぎの，していされた大きさだけ，いろをぬりましょう。
2	ぜんいんが，分数を正しくよみとることができる。	❶ つぎの，していされた大きさだけ，いろをぬりましょう。 ❷ おりがみを3かいおり，おなじ大きさになるようにわけましょう。できた形の大きさは，もとのおりがみの大きさの，何分の一といえばよいか，かきましょう。なぜ，そういえるのか「おなじ大きさ」「1つ分」ということばをつかってかきましょう。3人にせつめいし，なっとくしてもらえたら，サインをもらいましょう。 ❸ いろのついたところは，もとの大きさの何分の一か，かきましょう。
3	ぜんいんが，分数のれんしゅうもんだいを とくことができる。	❶ 力だめしもんだいをとき，まるつけをしましょう。 （きょうかしょのもんだいを ときましょう）

分数 １

_____くみ_____ばん　名まえ_____

🏁 **ゴール**
ぜんいんが、$\frac{1}{2}$、$\frac{1}{4}$ の大きさについてしり、せつめいすることができる。

❶ おりがみをおなじ大きさに２つにわけます。どのようなわけ方があるでしょうか。直線のひき方を、４とおりかんがえて、直線をかきましょう。

□　□　□　□

❷ もとの大きさの $\frac{1}{2}$ （二分の一）とは、どのような大きさをいみしているか、「おなじ大きさ」「１つ分」ということばをつかってかきましょう。

❸ おりがみを２かいおり、おなじ大きさになるようにわけましょう。できた形の大きさは、もとのおりがみの大きさの、何分の一といえばよいか、かきましょう。なぜそういえるのか「おなじ大きさ」「１つ分」ということばをつかってかきましょう。３人にせつめいし、なっとくしてもらえたら、サインをもらいましょう。

［答え］_____

✏ ともだちのサイン ｜_____｜_____｜_____｜

❹ つぎの、していされた大きさだけ、いろをぬりましょう。

(1) もとの大きさの $\frac{1}{2}$

(2) もとの大きさの $\frac{1}{4}$

分数 2

_____くみ_____ばん　名まえ_____

🏁ゴール

ぜんいんが，分数を正しくよみとることができる。

❶ つぎの，していされた大きさだけ，いろをぬりましょう。

(1) もとの大きさの $\frac{1}{2}$

(2) もとの大きさの $\frac{1}{4}$

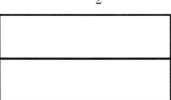 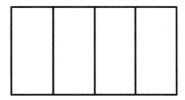

❷ おりがみを3かいおり，おなじ大きさになるようにわけましょう。できた形の大きさは，もとのおりがみの大きさの，何分の一といえばよいか，かきましょう。なぜ，そういえるのか「おなじ大きさ」「1つ分」ということばをつかってかきましょう。3人にせつめいし，なっとくしてもらえたら，サインをもらいましょう。

［せつめい］

　　✏ともだちのサイン　|　　　　|　　　　|　　　　|

❸ いろのついたところは，もとの大きさの何分の一か，かきましょう。

(1)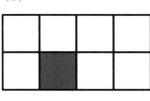

(2)

(3)

(　　　　　) (　　　　　) (　　　　　)

かだい15 はこの形

	めあて（GOAL）	課題
1	ぜんいんが，はこの面の形やめんの数を せつめいすることが できる。	❶ つくりたいはこを1つきめ，はこのすべてのたいらなところを あつがみにうつしましょう。 ❷ はこの形でたいらなところを面といいます。うつしとった面の形は，何という四角形ですか。 ❸ 面はいくつありますか。また，おなじ形の面は，いくつずつありますか。 ❹ さいころの面の形を，かみにうつしとりましょう。面の数や形など，はこの形をうつしとった面との，おなじところやちがうところをかきましょう。3人にせつめいし，なっとくしてもらえたら，サインをもらいましょう。
2	ぜんいんが，はこをつくるための面のならびかたを せつめいすることが できる。	❶ ぜんかい うつしとった，はこの面のかたちをテープでつないで，ひらいた図をつくりましょう。 ❷ 面のならび方で，気づいたことを図にあらわしたり，ことばでかいたりしましょう。3人にせつめいし，なっとくしてもらえたら，サインをもらいましょう。 ❸ ぜんかい うつしとったさいころの面の形をテープでつないで，ひらいた図をつくりましょう。 ❹ ❶❸でつくったひらいた図をくみ立てて，はこをつくりましょう。
3	ぜんいんが，辺や ちょう点が，はこにいくつあるか，せつめいすることが できる。	ひごとねんど玉で，図のような はこの形をつくります。 ❶ 何cmのひごが何本ひつようか，ひょうにかきましょう。 ❷ ねんど玉は何こひつようか，かきましょう。 ❸ 辺，ちょう点のことばのせつめいをかきましょう。また，はこの形には，辺とちょう点がそれぞれいくつあるか，かきましょう。 ❹ ひごとねんど玉で，はこの形をつくりましょう。 ❺ ひごとねんど玉で，さいころの形をつくるとき，ひごは何本，ねんど玉は何こひつようか，かきましょう。かんがえたりゆうを3人にせつめいし，なっとくしてもらえたら，サインをもらいましょう。

4	はこの形の，れんしゅうもんだいを とくことができる。	❶ 力だめしもんだいをとき，まるつけをしましょう。 （きょうかしょのもんだいを ときましょう）

はこの形 １

_____くみ_____ばん　名まえ_____

🏁 **ゴール**
ぜんいんが，はこの面の形や面の数を せつめいすることが できる。

❶ つくりたいはこを１つきめ，はこのすべてのたいらなところを あつがみにうつしましょう。

❷ はこの形でたいらなところを面といいます。うつしとった面の形は，何という四角形ですか。

　面の形（　　　　　　　）

❸ 面はいくつありますか。また，おなじ形の面は，いくつずつありますか。

　面の数（　　　　　　　）　　おなじ形の面（　　　　　　　　　　　）

❹ さいころの面の形を，かみにうつしとりましょう。面の数や形など，はこの形をうつしとった面との，おなじところやちがうところをかきましょう。３人にせつめいし，なっとくしてもらえたら，サインをもらいましょう。

✏ ともだちのサイン

はこの形 ❷

_____くみ_____ばん　名まえ_____

🏁ゴール

ぜんいんが，はこをつくるための面のならびかたを せつめいすることが できる。

❶ ぜんかい うつしとった，はこの面の形をテープでつないで，ひらいた図をつくりましょう。

❷ 面のならび方で，気づいたことを図にあらわしたり，ことばでかいたりしましょう。3人にせつめいし，なっとくしてもらえたらサインをもらいましょう。

［せつめい］

✏️ともだちのサイン　|　　|　　|　　|

❸ ぜんかい うつしとったさいころの面の形をテープでつないで，ひらいた図をつくりましょう。

❹ ❶❸でつくったひらいた図をくみ立てて，はこをつくりましょう。

はこの形 ❸

＿＿＿くみ＿＿＿ばん　名まえ＿＿＿＿＿＿＿＿＿＿

🏁 **ゴール**

ぜんいんが，辺や ちょう点が，はこにいくつあるか，せつめいすることが できる。

ひごとねんど玉で，図のような はこの形をつくります。

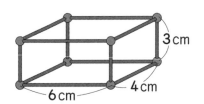

❶ 何cmのひごが何本ひつようか，ひょうにかきましょう。

ひごの長さ	ひごの本数
cm	本
cm	本
cm	本

❷ ねんど玉は何こひつようか，かきましょう。

＿＿＿＿＿＿＿＿＿＿＿＿＿＿＿＿こ

❸ 辺，ちょう点のことばのせつめいをかきましょう。

また，はこの形には，辺とちょう点がそれぞれいくつあるか，かきましょう。

［辺］

（　　　　　　　　　）本　　（　　　　　　　　　）こ

［ちょう点］

❹ ひごとねんど玉で，はこの形をつくりましょう。

❺ ひごとねんど玉で，さいころの形をつくるとき，ひごは何本，ねんど玉は何こひつようか，かきましょう。かんがえたりゆうを 3 人にせつめいし，なっとくしてもらえたら，サインをもらいましょう。

・ひご　　（　　　）本
・ねんど玉（　　　）こ

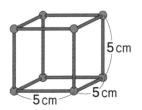

✏ともだちのサイン

Part 2

『学び合い』を成功させる
課題プリント・解答集

かだい1	ひょうとグラフ	130
かだい2	たし算のひっ算	130-132
かだい3	ひき算のひっ算	132-134
かだい4	長さのたんい	134-135
かだい5	3けたの数	135-136
かだい6	水のかさ	136-137
かだい7	時こくと時間	137
かだい8	長方形と正方形	138-139
かだい9	かけ算1	139-142
かだい10	かけ算2	142-145
かだい11	10000までの数	145-146
かだい12	長さ	147
かだい13	たし算とひき算	147-149
かだい14	分数	149
かだい15	はこの形	149-150

答え

ひょうとグラフ 1

_____くみ_____ばん 名まえ_____

🏁 ゴール
ぜんいんが，ひょうやグラフに あらわし，そのよさを せつめいすることが できる。

❶ どうぶつの数を，ひょうに あらわしましょう。

[どうぶつの数]

名まえ	りす	ポニー	やぎ	うさぎ
数	6	3	4	8

❷ どうぶつの数を，○をつかって グラフにあらわしましょう。
また，もんだいに 答えましょう。

[どうぶつの数]

		○	
		○	
		○	
		○	○
		○	○
○		○	○
○	○	○	○
○	○	○	○
○	○	○	○
○	○	○	○
りす	ポニー	やぎ	うさぎ

(1) いちばんおおいどうぶつは何ですか。
（ **うさぎ** ）

(2) うさぎは りすよりなんびきおおいですか。
（ **2 ひき** ）

❸ ひょうや グラフにあらわすと，どのようなよさが ありますか。それぞれかきましょう。
3 人にせつめいし，なっとくしてもらえたら，サインをもらいましょう。

・ひょうにすると，数字でどれがおおいかすぐにわかる。
・グラフにすると，グラフのたかさでどれがおおいかわかるし，さも わかりやすい。

✏ ともだちのサイン

たし算のひっ算 1

_____くみ_____ばん 名まえ_____

🏁 ゴール
ぜんいんが，(2けた) + (2けた) のひっ算のしかたを せつめいすることが できる。

❶ ちあきさんのクラスは，男子が 14 人，女子が 15 人です。みんなで 何人ですか。

(1) しきをかきましょう。　[しき]　**14 + 15**

(2) くらいをたてにそろえてかいて，計算することがあります。このような計算のしかたを「ひっ算」といいます。(1) の計算をひっ算でしましょう。また，答えもかきましょう。
ひっ算のしかたを 3 人にせつめいし，なっとくしてもらえたら，サインをもらいましょう。

[ひっ算]
```
  1 4
+ 1 5
─────
  2 9
```

14 は 10 と 4，15 は 10 と 5 にわける。十のくらいどうし，一のくらいどうしを それぞれけいさんする。
一のくらいのけいさんは 4 + 5 = 9
十のくらいのけいさんは 1 + 1 = 2　あわせて 29 になる。

[答え]　**29**　人

✏ ともだちのサイン

❷ 16 + 31 の計算を ひっ算でしましょう。　[ひっ算]
```
  1 6
+ 3 1
─────
  4 7
```

❸ つぎの計算を ひっ算でしましょう。

(1) 27 + 52
```
  2 7
+ 5 2
─────
  7 9
```
(2) 40 + 38
```
  4 0
+ 3 8
─────
  7 8
```
(3) 23 + 60
```
  2 3
+ 6 0
─────
  8 3
```
(4) 30 + 60
```
  3 0
+ 6 0
─────
  9 0
```

(5) 53 + 4
```
  5 3
+   4
─────
  5 7
```
(6) 7 + 42
```
    7
+ 4 2
─────
  4 9
```
(7) 30 + 6
```
  3 0
+   6
─────
  3 6
```
(8) 2 + 60
```
    2
+ 6 0
─────
  6 2
```

たし算のひっ算 2

_____くみ_____ばん 名まえ_____

🏁 ゴール
ぜんいんが，(2けた) + (2けた) のくり上がりのあるひっ算のしかたを せつめいすることが できる。

❶ かずえさんは，花だんにアサガオのたねを 24 こ，ホウセンカのたねを 59 こ まきました。あわせて 何このたねを まきましたか。

(1) しきをかきましょう。　[しき]　**24 + 59**

(2) 一のくらいどうしを計算し，10 のかたまりができて，上のくらいにうつすことを，「くり上げる」ことにちゅういして，もんだいをひっ算でしましょう。また，答えをかきましょう。ひっ算のしかた，くり上がりをわすれないようにするくふうを 3 人にせつめいし，なっとくしてもらえたら，サインをもらいましょう。

[ひっ算]
```
  2 4
+ 5 9
 ₁
─────
  8 3
```

一のくらいのけいさんは 4 + 9 = 13 になるので，13 を 10 と 3 にわけて，10 を十のくらいにくり上げる。
十のくらいのけいさんは，2 + 5 + 1 = 8 になる。
あわせて 83 になる。くり上がりの 1 は わすれないように，十のくらいの 5 の下にかいておく。

[答え]　**83**　こ

✏ ともだちのサイン

❷ つぎの計算を ひっ算でしましょう。

(1) 18 + 25
```
  1 8
+ 2 5
─────
  4 3
```
(2) 37 + 46
```
  3 7
+ 4 6
─────
  8 3
```
(3) 29 + 34
```
  2 9
+ 3 4
─────
  6 3
```
(4) 46 + 15
```
  4 6
+ 1 5
─────
  6 1
```

(5) 35 + 39
```
  3 5
+ 3 9
─────
  7 4
```
(6) 14 + 68
```
  1 4
+ 6 8
─────
  8 2
```
(7) 59 + 26
```
  5 9
+ 2 6
─────
  8 5
```
(8) 27 + 44
```
  2 7
+ 4 4
─────
  7 1
```

たし算のひっ算 3

_____くみ_____ばん 名まえ_____

🏁 ゴール
ぜんいんが，ひっ算のしかたの まちがいを見つけ，正しく計算することが できる。

❶ つぎのひっ算のまちがいを見つけて，正しく計算しましょう。どのようなまちがいをしているか，3 人にせつめいし，なっとくしてもらえたら，サインをもらいましょう。

(1) 38 + 42
```
  3 8        3 8
+ 4 2      + 4 2
─────      ─────
  7 0        8 0
```
くり上がりの 1 を たしていない。

(2) 29 + 7
```
  2 9        2 9
+ 7        +   7
─────      ─────
             3 6
```
7 を十のくらいに かいてしまっている。

(3) 4 + 29
```
    4          4
+ 2 9      + 2 9
─────      ─────
  2 3        3 3
```
くり上がりの 1 を たしていない。

✏ ともだちのサイン

❷ つぎの計算をひっ算でしましょう。

(1) 41 + 29
```
  4 1
+ 2 9
─────
  7 0
```
(2) 55 + 35
```
  5 5
+ 3 5
─────
  9 0
```
(3) 26 + 8
```
  2 6
+   8
─────
  3 4
```
(4) 67 + 5
```
  6 7
+   5
─────
  7 2
```

(1) 3 + 78
```
    3
+ 7 8
─────
  8 1
```
(2) 4 + 29
```
    4
+ 2 9
─────
  3 3
```
(3) 86 + 4
```
  8 6
+   4
─────
  9 0
```
(4) 7 + 63
```
    7
+ 6 3
─────
  7 0
```

たし算のひっ算 4

___くみ___ばん 名まえ_____

🏁 ゴール
ぜんいんが、たし算のきまりを せつめいすることが できる。

❶ つぎの計算をしましょう。

```
  2 3        1 6
+ 1 6      + 2 3
─────      ─────
  3 9        3 9
```

❷ たし算では、「たされる数と、たす数を入れかえてたしても、答えはおなじになる」というきまりがあります。このきまりがなり立つことを3人にせつめいし、なっとくしてもらえたら、サインをもらいましょう。

23 + 16 のたされる数とたす数を入れかえると、16 + 23 になる。
23 + 16 = 39、16 + 23 = 39 であり、たされる数とたす数を入れかえてたしても、答えはおなじということができる。

🖊 ともだちのサイン

❸ つぎの計算を ひっ算でしましょう。また、たされる数と たす数を入れかえてたして、答えをたしかめましょう。

(1) 33 + 6   たしかめ
```
  3 3         6
+   6      + 3 3
─────      ─────
  3 9        3 9
```

(2) 67 + 19   たしかめ
```
  6 7        1 9
+ 1 9      + 6 7
─────      ─────
  8 6        8 6
```

(5) 24 + 56   たしかめ
```
  2 4        5 6
+ 5 6      + 2 4
─────      ─────
  8 0        8 0
```

(6) 8 + 79   たしかめ
```
    8        7 9
+ 7 9      +   8
─────      ─────
  8 7        8 7
```

たし算のひっ算 5

___くみ___ばん 名まえ_____

🏁 ゴール
ぜんいんが、百のくらいにくり上げるたし算のひっ算のしかたを せつめいすることができる。

❶ 町ないのそうじをしました。ペットボトルを先月 65 こ、今月 84 こひろいました。あわせて 何こひろったでしょうか。

(1) しきをかきましょう。　［しき］ 65 + 84

(2) 「くり上がる」ことにちゅういして、もんだいをひっ算でしましょう。また、答えをかきましょう。ひっ算のしかたを3人にせつめいし、なっとくしてもらえたら、サインをもらいましょう。

[ひっ算]
```
  6 5
+ 8 4
─────
1 4 9
```

おなじくらいどうしけいさんする。一のくらいのけいさんは 5 + 4 = 9、十のくらいのけいさんは 6 + 8 = 14 なので、百のくらいに 1 くり上げる。十のくらいは 4、百のくらいは 1。あわせて、149 になる。

［答え］ 149 こ

🖊 ともだちのサイン

❷ つぎの計算を ひっ算でしましょう。

(1) 83 + 56
```
  8 3
+ 5 6
─────
1 3 9
```

(2) 68 + 81
```
  6 8
+ 8 1
─────
1 4 9
```

(3) 97 + 72
```
  9 7
+ 7 2
─────
1 6 9
```

(4) 54 + 64
```
  5 4
+ 6 4
─────
1 1 8
```

(5) 40 + 98
```
  4 0
+ 9 8
─────
1 3 8
```

(6) 82 + 70
```
  8 2
+ 7 0
─────
1 5 2
```

(7) 74 + 32
```
  7 4
+ 3 2
─────
1 0 6
```

(8) 56 + 50
```
  5 6
+ 5 0
─────
1 0 6
```

たし算のひっ算 6

___くみ___ばん 名まえ_____

🏁 ゴール
ぜんいんが、百のくらいと十のくらいにくり上げる たし算のひっ算のしかたを せつめいすることが できる。

❶ つぎの計算を ひっ算でしましょう。また、ひっ算のしかたを ことばでかきましょう。3人にせつめいし、なっとくしてもらえたら、サインをもらいましょう。

(1) 87 + 45   ［ひっ算のしかた］
```
  8 7
+ 4 5
─────
1 3 2
```
おなじくらいどうし、くらいをそろえて計算する。一のくらいの計算は 7 + 5 = 12、十のくらいに 1 くり上げて、一のくらいは 2。十のくらいの計算は 8 + 4 + 1 = 13、百のくらいに 1 くり上げて、十のくらいは 3。百のくらいは 1。あわせて、132 になる。

(2) 68 + 52   ［ひっ算のしかた］
```
  6 8
+ 5 2
─────
1 2 0
```
おなじくらいどうし、くらいをそろえて計算する。一のくらいの計算は 8 + 2 = 10、十のくらいに 1 くり上げて、一のくらいは 0。十のくらいの計算は 6 + 5 + 1 = 12、百のくらいに 1 くり上げて、十のくらいは 2。百のくらいは 1。あわせて、120 になる。

🖊 ともだちのサイン

❷ つぎの計算を ひっ算でしましょう。

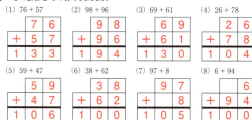

(1) 76 + 57
```
  7 6
+ 5 7
─────
1 3 3
```

(2) 98 + 96
```
  9 8
+ 9 6
─────
1 9 4
```

(3) 69 + 61
```
  6 9
+ 6 1
─────
1 3 0
```

(4) 26 + 78
```
  2 6
+ 7 8
─────
1 0 4
```

(5) 59 + 47
```
  5 9
+ 4 7
─────
1 0 6
```

(6) 38 + 62
```
  3 8
+ 6 2
─────
1 0 0
```

(7) 97 + 8
```
  9 7
+   8
─────
1 0 5
```

(8) 6 + 94
```
    6
+ 9 4
─────
1 0 0
```

たし算のひっ算 7

___くみ___ばん 名まえ_____

🏁 ゴール
ぜんいんが、(何百) + (何百) の計算のしかたを せつめいすることが できる。

❶ 500 まいのかみのたばの上に、200 まいのかみのたばを かさねます。

(1) あわせて 何まいになるでしょうか。しき、答え、計算のしかたを かきましょう。ただし、計算のしかたには「100 のまとまり」ということばを かならずつかいましょう。

［しき］ 500 + 200   ［答え］ 700 まい

［計算のしかた］
100 のまとまりが いくつになるかで かんがえる。5 + 2 = 7 で、100 のまとまりが 7 こできるので、答えは 700 になる。

(2) さらに、その上に、300 まいのかみのたばをかさねると、ぜんぶで何まいになるでしょうか。計算をひっ算でしましょう。しき、ひっ算、答えをかきましょう。ひっ算のしかたを3人にせつめいし、なっとくしてもらえたら、サインをもらいましょう。

［しき］ 700 + 300 = 1000   ［ひっ算］
```
  7 0 0
+ 3 0 0
───────
1 0 0 0
```
［答え］ 1000 まい

［ひっ算のしかた］
くらいをそろえて計算する。一のくらいは 0 + 0 = 0。十のくらいも 0 + 0 = 0。百のくらいは 7 + 3 = 10。千のくらいに 1 くり上げて、百のくらいは 0。千のくらいは 1。あわせて 1000 になる。

🖊 ともだちのサイン

❷ つぎの計算をひっ算でしましょう。

(1) 200 + 600
```
  2 0 0
+ 6 0 0
───────
  8 0 0
```

(2) 500 + 90
```
  5 0 0
+   9 0
───────
  5 9 0
```

(3) 800 + 2
```
  8 0 0
+     2
───────
  8 0 2
```

答え

たし算のひっ算 8

🏁 ゴール
ぜんいんが，(3けた)＋(1けた，2けた)のひっ算のしかたを せつめいすることが できる。

❶ つぎのたし算のまちがいを見つけて，正しく計算しましょう。どのようなまちがいをしているか，3人にせつめいし，なっとくしてもらえたら，サインをもらいましょう。

(1) 527 + 4

5	2	7
+		4
9	2	7

5	2	7
+		4
5	3	1

たす数の4を一のくらいではなく，百のくらいにかいている。

(2) 738 + 23

7	3	8
+		23
7	5	1

7	3	8
+		23
7	6	1

十のくらいで，くり上がりの1をたして計算していない。

✏ ともだちのサイン ｜　｜　｜　｜

❷ つぎの計算を ひっ算でしましょう。

(1) 135 + 4 → 139
(2) 376 + 4 → 380
(3) 152 + 8 → 160
(4) 273 + 29 → 302
(5) 526 + 56 → 582
(6) 753 + 28 → 781

たし算のひっ算 9

🏁 ゴール
ぜんいんが，たし算のきまりを せつめいすることができる。

❶ たし算では，「たすじゅんじょをかえても 計算できる」というきまりがあります。このきまりがなり立つことを，もんだいをつかって，3人にせつめいし，なっとくしてもらえたら，サインをもらいましょう。

[もんだい]
赤いつみ木が49こ，青いつみ木が16こ，白いつみ木が4こあります。つみ木は，ぜんぶで何こありますか。

[せつめい]
ぜんぶの数をきかれているので，しきは，49＋16＋4になる。先に赤と青をたして，49＋16＝65。そのあとに，白をたして65＋4＝69になる。先に青と白をたして16＋4＝20。そのあとに，赤をたして20＋49＝69になる。このように，たすじゅんじょをかえても 答えはおなじになる。

✏ ともだちのサイン ｜　｜　｜　｜

❷ たすじゅんじょをかえて 計算すると，どのようなよさがあるか，かきましょう。
(れい) 1かい目の計算で一のくらいが0になるようにすると，2かい目の計算がかんたんになる。

❸ 先に計算するしるしの（　）をつかって，くふうして計算しましょう。

(1) 17 +（30 + 20）＝ 67
(2) 28 +（4 + 36）＝ 68
(3)（57 + 13）+ 9 ＝ 79
(4) 5 +（16 + 4）＝ 25
(5) 12 +（7 + 13）＝ 32
(6) 8 +（15 + 25）＝ 48
(7) 9 +（42 + 28）＝ 79
(8) 26 +（31 + 19）＝ 76

ひき算のひっ算 1

🏁 ゴール
ぜんいんが，(2けた)－(2けた，1けた)のひっ算のしかたを せつめいすることが できる。

❶ 本が 78さつあります。25さつ かし出しました。のこりは 何さつですか。

(1) しきをかきましょう。　[しき]　78 − 25
(2) ひっ算で計算して，答えをかきましょう。また，ひっ算のしかたを 3人にせつめいし，なっとくしてもらえたら，サインをもらいましょう。

[ひっ算]

7	8
− 2	5
5	3

くらいをそろえてかき，一のくらいどうし，十のくらいどうしをけいさんする。

[答え] 53 さつ

✏ ともだちのサイン ｜　｜　｜　｜

❷ つぎの計算を ひっ算でしましょう。
(1) 38 − 23 → 15
(2) 46 − 24 → 22
(3) 79 − 56 → 23
(4) 57 − 47 → 10
(5) 65 − 20 → 45
(6) 58 − 51 → 7
(7) 95 − 90 → 5
(8) 60 − 20 → 40
(9) 86 − 5 → 81
(10) 32 − 2 → 30
(11) 59 − 9 → 50
(12) 82 − 80 → 2

ひき算のひっ算 2

🏁 ゴール
ぜんいんが，(2けた)－(2けた)の，くり下がりのある ひっ算のしかたを せつめいすることが できる。

❶ トマトが 36こあります。19こたべました。のこりは 何こですか。

(1) しきをかきましょう。　[しき]　36 − 19
(2) ひっ算で計算します。しかし，一のくらいどうしの計算ができません。このときにどうすればよいか，かんがえてかきましょう。また，ひっ算のしかたを3人にせつめいし，なっとくしてもらえたら，サインをもらいましょう。

[ひっ算]

3	6
− 1	9
1	7

[一のくらいどうしの計算ができないとき]
6 − 9はできないので，30から10もらい，16にする。16 − 9 = 7になる。20 − 10 = 10だから，答えはあわせて17になる。

[答え] 17 こ

✏ ともだちのサイン ｜　｜　｜　｜

❷ つぎの計算を ひっ算でしましょう。
(1) 72 − 38 → 34
(2) 45 − 27 → 18
(3) 91 − 55 → 36
(4) 84 − 69 → 15
(5) 53 − 36 → 17
(6) 66 − 47 → 19
(7) 91 − 25 → 66
(8) 75 − 49 → 26

ひき算のひっ算 3

_____くみ_____ばん 名まえ_____

🏁 ゴール
ぜんいんが，(2けた) − (2けた, 1けた)の，くり下がりのある ひっ算のしかたを せつめいすることが できる。

❶ つぎの 計算を ひっ算で しましょう。ひっ算のしかたを 3人に せつめいし，なっとくしてもらえたら，サインをもらいましょう。

(1) 42 − 15

```
   4 2
 − 1 5
 ─────
   2 7
```

(1) 2 − 5 はできない。十のくらいから 1くり下げる。一のくらいのけいさん 12 − 5 = 7。十のくらいのけいさん 3 − 1 = 2。あわせて 27。

(2) 50 − 37

```
   5 0
 − 3 7
 ─────
   1 3
```

(2) 0 − 7 はできない。十のくらいから 1くり下げる。一のくらいのけいさん 10 − 7 = 3。十のくらいのけいさん 4 − 3 = 1。あわせて 13。

(3) 61 − 6

```
   6 1
 −   6
 ─────
   5 5
```

(3) 1 − 6 はできない。十のくらいから 1くり下げる。一のくらいのけいさん 11 − 6 = 5。十のくらいはそのまま 5。あわせて 55。

✏️ ともだちのサイン [| |]

❷ つぎの 計算を ひっ算で しましょう。

(1) 40 − 16
```
   4 0
 − 1 6
 ─────
   2 4
```

(2) 70 − 38
```
   7 0
 − 3 8
 ─────
   3 2
```

(3) 56 − 48
```
   5 6
 − 4 8
 ─────
     8
```

(4) 90 − 87
```
   9 0
 − 8 7
 ─────
     3
```

(5) 43 − 4
```
   4 3
 −   4
 ─────
   3 9
```

(6) 64 − 7
```
   6 4
 −   7
 ─────
   5 7
```

(7) 90 − 7
```
   9 0
 −   7
 ─────
   8 3
```

(8) 80 − 3
```
   8 0
 −   3
 ─────
   7 7
```

ひき算のひっ算 4

_____くみ_____ばん 名まえ_____

🏁 ゴール
ぜんいんが，ひき算の答えの，たしかめのほうほうを せつめいすることが できる。

❶ ひき算では，「答えにひく数をたすと，ひかれる数になる」というきまりがあり，答えをたしかめることができます。このきまりがなり立つことを，もんだいをつかって 3人に せつめいし，なっとくしてもらえたら，サインをもらいましょう。

[もんだい]
きょうしつに 33人いました。16人がそとへあそびにいきました。
1 きょうしつには，何人のこっているでしょうか。
2 そとへあそびにいった 16人がもどると，きょうしつにいる人は，何人になるでしょうか。

[せつめい]
1のきょうしつにはのこっている人数のしきは，33 − 16 = 17 になる。ひかれる数 33，ひく数 16，答え 17 である。
2のそとにあそびにいった 16人がきょうしつにもどってきてからの人数は，きょうしつにのこっている人数とそとにあそびにいった人数をあわせたものになり，17 + 16 = 33 になる。これは，1の答えにひく数をたしたものである。33 は 1 のひかれる数になっている。
つまり，答えにひく数をたすと，ひかれる数になるというきまりがなり立つ。

✏️ ともだちのサイン [| |]

❷ つぎの 計算を ひっ算で しましょう。また，答えのたしかめもしましょう。

(1) 95 − 41   たしかめ
```
   9 5        5 4
 − 4 1      + 4 1
 ─────      ─────
   5 4        9 5
```

(2) 53 − 46   たしかめ
```
   5 3          7
 − 4 6      + 4 6
 ─────      ─────
     7        5 3
```

(3) 56 − 9   たしかめ
```
   5 6        4 7
 −   9      +   9
 ─────      ─────
   4 7        5 6
```

(4) 70 − 4   たしかめ
```
   7 0        6 6
 −   4      +   4
 ─────      ─────
   6 6        7 0
```

ひき算のひっ算 5

_____くみ_____ばん 名まえ_____

🏁 ゴール
ぜんいんが，(百何十何) − (2けた)の，くり下がりのあるひっ算のしかたを せつめいすることが できる。

❶ 137ページの本を よんでいます。今までに 52ページ よみました。あと何ページ のこっていますか。

(1) しきを かきましょう。　　[し き] 137 − 52

(2) ひっ算で 計算して，答えをかきましょう。また，ひっ算のしかたを 3人にせつめいし，なっとくしてもらえたら，サインをもらいましょう。

[ひっ算]
```
   1 3 7
 −   5 2
 ───────
     8 5
```

[ひっ算のしかた]
おなじくらいどうし 計算をする。一のくらいの計算 7 − 2 = 5。十のくらいの計算 3 − 5 はできない。百のくらいから 1くり下げる。13 − 5 = 8。百のくらいは なにもない。答えは 85 になる。

[答え] 85ページ

✏️ ともだちのサイン [| |]

❷ つぎの 計算を ひっ算で しましょう。

(1) 143 − 81
```
   1 4 3
 −   8 1
 ───────
     6 2
```

(2) 125 − 43
```
   1 2 5
 −   4 3
 ───────
     8 2
```

(3) 166 − 94
```
   1 6 6
 −   9 4
 ───────
     7 2
```

(4) 115 − 22
```
   1 1 5
 −   2 2
 ───────
     9 3
```

(5) 109 − 62
```
   1 0 9
 −   6 2
 ───────
     4 7
```

(6) 108 − 28
```
   1 0 8
 −   2 8
 ───────
     8 0
```

ひき算のひっ算 6

_____くみ_____ばん 名まえ_____

🏁 ゴール
ぜんいんが，(百何十何) − (2けた)の，くり下がりの 2かいある ひっ算のしかたを せつめいすることが できる。

❶ 136 − 58 をひっ算で 計算しましょう。ひっ算のしかたを 3人に せつめいし，なっとくしてもらえたら，サインをもらいましょう。

[ひっ算]
```
   1 3 6
 −   5 8
 ───────
     7 8
```

[ひっ算のしかた]
おなじくらいどうし 計算する。一のくらいの計算，6 − 8 はできない。十のくらいから 1くり下げる。16 − 8 = 8。十のくらいの計算，2 − 5 はできない。百のくらいから 1くり下げる。12 − 5 = 7。百のくらいには何もない。答えは 78 になる。

✏️ ともだちのサイン [| |]

❷ つぎの 計算を ひっ算で しましょう。

(1) 143 − 47
```
   1 4 3
 −   4 7
 ───────
     9 6
```

(2) 145 − 79
```
   1 4 5
 −   7 9
 ───────
     6 6
```

(3) 193 − 94
```
   1 9 3
 −   9 4
 ───────
     9 9
```

(4) 140 − 48
```
   1 4 0
 −   4 8
 ───────
     9 2
```

(5) 105 − 76
```
   1 0 5
 −   7 6
 ───────
     2 9
```

(6) 101 − 43
```
   1 0 1
 −   4 3
 ───────
     5 8
```

(7) 107 − 8
```
   1 0 7
 −   8
 ───────
     9 9
```

(8) 100 − 6
```
   1 0 0
 −   6
 ───────
     9 4
```

133

答え

ひき算のひっ算 7

_____くみ_____ばん 名まえ_____

🏁 ゴール
ぜんいんが,(何百)−(何百),(千)−(何百)の,計算のしかたを せつめいすることが できる。

❶ 400円のおかしをかいます。

(1) 百円玉を6まいもっていました。のこりは いくらになるでしょうか。しき,ひっ算,答えをかきましょう。

[しき]　600 − 400

[答え]　200 円

[ひっ算]

	6	0	0
−	4	0	0
	2	0	0

(2) おにいさんは百円玉を10まいもっていました。おなじおかしをかうとき,のこりは いくらになるでしょうか。しき,ひっ算,答えをかきましょう。また,ひっ算のしかたを 3人にせつめいして,なっとくしてもらえたら,サインをもらいましょう。

[しき]　1000 − 400

[答え]　600 円

[ひっ算]

1	0	0	0
−		4	0	0
		6	0	0

同じくらいどうしをけいさんする。一のくらい 0−0＝0。十のくらい 0−0＝0。百のくらい 0−4 はできない。千から1くり下げて 10−4＝6。千のくらいはない。こたえ 600。

✏️ ともだちのサイン ☐ ☐ ☐

❷ つぎの計算を ひっ算でしましょう。

(1) 700 − 200

7	0	0
− 2	0	0
5	0	0

(2) 800 − 600

8	0	0
− 6	0	0
2	0	0

(3) 1000 − 700

1	0	0	0
−	7	0	0
	3	0	0

ひき算のひっ算 8

_____くみ_____ばん 名まえ_____

🏁 ゴール
ぜんいんが,(3けた)−(1けた,2けた)の,ひっ算のしかたを せつめいすることが できる。

❶ つぎのひっ算には まちがいがあります。まちがいを見つけて,正しく計算しましょう。どのようなまちがいをしているか,どのようなことに気をつけなければならないかを 3人にせつめいし,なっとくしてもらえたら,サインをもらいましょう。

(1) 506 − 3

5	0	6
− 3		
2	0	6

[正しい計算]

5	0	6
−		3
5	0	3

(2) 467 − 59

4	6	7
−	5	9
4	1	8

[正しい計算]

4	6̸5	7¹⁰
−	5	9
4	0	8

(1)は,3を百の位にかいてしまい,3ひくはずなのに,300ひいてしまっている。
(2)は,くり下がりがあるのに,十の位の計算で 6−5 をしてしまっている。くり下がりをわすれないように,6をしゃせんでけして,5とかいておく。

✏️ ともだちのサイン ☐ ☐ ☐

❷ つぎの計算を ひっ算でしましょう。

(1) 543 − 7

5	4	3
−		7
5	3	6

(2) 426 − 18

4	2	6
−	1	8
4	0	8

(3) 250 − 24

2	5	0
−	2	4
2	2	6

長さのたんい 1

_____くみ_____ばん 名まえ_____

🏁 ゴール
ぜんいんが,cmをつかって長さをはかることができる。

❶ 1めもりが1cmのものさしをつかって,えんぴつの長さをはかりました。

(1) 長さのたんいの cm をかきましょう。
　　　　　　　　　　　　(9 cm)

(2) えんぴつの長さは,9cmです。なぜ,そういえるのでしょうか。りゆうをかきましょう。

えんぴつは,1cmの9つ分の長さだから。

❷ つぎの線の長さを はかりましょう。長さのはかり方と,長さのりゆうを 3人にせつめいし,なっとくしてもらえたら,サインをもらいましょう。

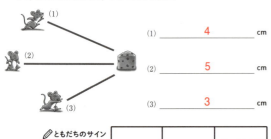

(1) 　4　 cm

(2) 　5　 cm

(3) 　3　 cm

✏️ ともだちのサイン ☐ ☐ ☐

長さのたんい 2

_____くみ_____ばん 名まえ_____

🏁 ゴール
ぜんいんが,はしたの長さを あらわすことができる。

❶ このテープの長さは 9cm 5mmとあらわすことができます。なぜ,そのようにあらわすことができるか,りゆうをかきましょう。また,1mmとはどんな長さかもかきましょう。かいたことを 3人にせつめいし,なっとくしてもらえたら,サインをもらいましょう。

[りゆう]

テープの長さは,1cmの9こ分と,1mmの5こ分をあわせた長さだから。
1mmは1cmを10こにわけたうちの1つ分の長さ。

✏️ ともだちのサイン ☐ ☐ ☐

❷ ( )にあてはまる数を かきましょう。

(1) 8 cm = (80) mm

(2) 4 cm 8 mm = (48) mm

❸ つぎの長さの直線を ひきましょう。

(1) 7 cm 4 mm

(2) 6 cm 8 mm

長さのたんい 3

_____くみ_____ばん 名まえ_____

🏁 ゴール
ぜんいんが，長さのたし算やひき算の計算のしかたを せつめいすることが できる。

❶ 右の図の⑦，⑦の線の長さをそれぞれも とめましょう。長さをもとめるしきと答え， 計算のしかたをかきましょう。

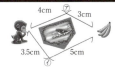

⑦ [しき] 4 cm + 3 cm　　[答え] 7 cm

⑦ [しき] 3 cm 5 mm + 5 cm　　[答え] 8 cm 5 mm

[計算のしかた]
長さのたし算では，おなじたんいどうしを 計算する。3 cm 5 mm + 5 cm では，3 cm + 5 cm = 8 cm，これに 5 mm をあわせて 8 cm 5 mm になる。

❷ ⑦と⑦の線の長さのちがいを もとめましょう。長さのちがいをもとめるしきと答え，計算のしかたをかきましょう。

[しき] 8 cm 5 mm − 7 cm　　[答え] 1 cm 5 mm

[計算のしかた]
長さのひき算では，おなじたんいどうしを 計算する。8 cm 5 mm − 7 cm では，8 cm − 7 cm = 1 cm，これに 5 mm をあわせて 1 cm 5 mm になる。

❸ ❶❷の計算のしかたを 3 人にせつめいし，なっとくしてもらえたら，サインをもらいましょう。

✏ともだちのサイン |　|　|　|

❹ つぎの計算をしましょう。

(1) 3mm + 4cm 5mm = **4cm 8mm**

(2) 7cm 4mm − 3mm = **7cm 1mm**

---

3 けたの数 1

_____くみ_____ばん 名まえ_____

🏁 ゴール
ぜんいんが，3 けたの数の数え方を せつめいすることが できる。

❶ 図のブロックの数は 327 こです。 このことを「100 のまとまり」「10 のまとまり」「ばら」ということばを つかってかきましょう。

[せつめい]
100 のまとまりが 3 こで 300，10 のまとまりが 2 こで 20，ばらが 7 こで 7 あるので，あわせて 327 こになる。

❷ つぎのえを見て，数を数字でかきましょう。どのようにして数えたのか，「100 のまとまり」「10 のまとまり」「ばら」ということばをつかって 3 人にせつめいし，なっとくしてもらえたら，サインをもらいましょう。

(1) 　　　(2)

　　143 本　　　　　　　230 まい

100 のまとまりが 1 つで 100 本，10 のまとまりが 4 つで 40 本，ばらが 3 つで 3 本なので，あわせて 143 本になる。

100 のまとまりが 2 つで 200 まい，10 のまとまりが 3 つで 30 まい，ばらはないので 0 まい，あわせて 230 まいになる。

✏ともだちのサイン |　|　|　|

❸ つぎのかん字でかかれた数を 数字でかきましょう。

(1) 八百九十四　(2) 六百二十　(3) 五百
(894)　　(620)　　(500)

---

3 けたの数 2

_____くみ_____ばん 名まえ_____

🏁 ゴール
ぜんいんが，3 けたの数をよみ，こうせいを せつめいすることが できる。

❶ つぎの数は，いくつをあらわしていますか。百のくらい，十のくらい，一のくらいに 数字をかきましょう。

(1)

百のくらい	十のくらい	一のくらい
2	5	2

(2)

百のくらい	十のくらい	一のくらい
3	0	4

❷ ( ) にあてはまる数をかきましょう。

(1) 100 を 3 こ，10 を 6 こ，1 を 4 こあわせた数は，(364) です。

(2) 百のくらいが 5，十のくらいが 1，一のくらいが 0 の数は，(510) です。

❸ 357 を 2 とおりのいいかたでせつめいします。2 とおりのせつめいをかきましょう。また，文にあうようにしきをかきましょう。かいたものを 3 人にせつめいし，なっとくしてもらえたら，サインをもらいましょう。

(1) 357 は 100 を 3 こ，10 を 5 こ，1 を 7 こあわせた数です。

(2) 357 は 百のくらいが 3，十のくらいが 5，一のくらいが 7 の数です。

(3) 357 は，300 と 50 と 7 をあわせた数です。

357 = (300) + (50) + (7)

✏ともだちのサイン |　|　|　|

---

3 けたの数 3

_____くみ_____ばん 名まえ_____

🏁 ゴール
ぜんいんが，3 けたの数を，10 が何こというあらわし方で せつめいすることが できる。

❶ 250 について，100 が何こ，10 が何こか かきましょう。

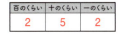

(1) 250 は，100 を (2) こと，10 を (5) こあわせた数。

❷ 250 について，10 を何こあつめた数か かきましょう。また，そうかんがえたりゆうを かきましょう。3 人にせつめいし，なっとくしてもらえたら，サインをもらいましょう。

(1) 250 は，10 を (25) こあつめた数

[考えたりゆう]
250 を 100 と 100 と 50 にわける。100 は 10 を 10 こあつめた数。100 は 2 こある。50 は 10 を 5 こあつめた数。あわせて 10 + 10 + 5 = 25 になる。

✏ともだちのサイン |　|　|　|

❸ ( ) にあてはまる数をかきましょう。

(1) 180 は，100 を (1) こと，10 を (8) こあわせた数。

(2) 180 は，10 を (18) こあつめた数。

(3) 10 を 50 こあつめた数は，(500)。

(4) 800 は，10 を (80) こあつめた数。

答え

3けたの数 4

___くみ ___ばん 名まえ_____

ゴール
ぜんいんが，1000 のいみや，数のならびかたを せつめいすることが できる。

❶ 1000とは どのような数か，せつめいをかきましょう。

[100が10個の図]

100を10こあつめた数。

❷ つぎの（ ）に数をかきましょう。
(1) 800 はあと（ **200** ）で 1000 になります。
(2) 1000 より 100 小さい数は，（ **900** ）です。
(3) 1000 より 2 小さい数は，（ **998** ）です。
(4) 870 は，（ **800** ）と 70 をあわせた数です。
(5) 870 は，（ **900** ）より 30 小さい数です。
(6) 870 は，10 を（ **87** ）こあつめた数です。

❸ つぎの数直線で（ ）にあてはまる数をかきましょう。なぜ，その数をかいたのか，3人にせつめいし，なっとくしてもらえたら，サインをもらいましょう。

965　970　**975**　980　985　990　995　**1000**

1めもりすすむごとに，5ずつ大きくなっているから，まえの数に5をたせばよい。

✎ ともだちのサイン

3けたの数 5

___くみ ___ばん 名まえ_____

ゴール
ぜんいんが，3けたの数の大小のくらべ方を せつめいすることが できる。

❶ 3けたの数の大小をくらべます。
(1) 402 ＞ 240　(2) 376 ＜ 387　とあらわすことができます。3けたの数の大小をくらべるときには，どのようにしてくらべればよいか，せつめいをかきましょう。

[せつめい]
数の大小をくらべるときには，くらいの大きいじゅんにくらべる。(1) 402と240では，百のくらいの4と2をくらべ，4のほうが大きいので，402のほうが大きいことがわかる。
(2) 376と387では，百のくらいは3と3でおなじなので，十のくらいをくらべる。7と8をくらべ，8のほうが大きいので，387のほうが大きいことがわかる。

❷ どちらの数が大きいでしょうか。＞，＜，＝をつかってあらわしましょう。また，どのようにして大小をくらべたか，3人にせつめいし，なっとくしてもらえたら，サインをもらいましょう。

(1) 294 **＜** 356　　(2) 880 **＞** 875
　百のくらいをくらべた。　　十のくらいをくらべた。

(3) 401 **＜** 409　　(4) 102 **＞** 99
　一のくらいをくらべた。　　百のくらいをくらべた。(1と0)

(5) 100 **＝** 40＋60　　(6) 110－30 **＜** 81
　計算したらどちらも100。　　計算してから一のくらいをくらべた。

(7) 899 **＜** 998　　(8) 530 **＞** 503
　百のくらいをくらべた。　　十のくらいをくらべた。

✎ ともだちのサイン

水のかさ 1

___くみ ___ばん 名まえ_____

ゴール
ぜんいんが，たんい「dL」をつかって，水のかさを あらわすことができる。

❶ 2つの水とうに入る水のかさを くらべようとおもいます。しかし，それぞれの水とうのコップをつかってくらべることはできません。それはなぜでしょうか。りゆうをかきましょう。

[それぞれのコップでくらべられないりゆう]
2つの水とうのコップの大きさがちがうから。

❷ どのようにすれば，2つの水とうに入る水のかさをくらべることができるかかんがえて，かきましょう。

[2つの水とうに入る水のかさのくらべ方]
おなじ大きさのコップをつかって，何はい分でくらべる。

❸ 水などのかさは，1デシリットルがいくつ分あるかであらわします。デシリットルはかさのたんいで，「dL」とかきます。1dLますをつかって，みのまわりのものの水のかさを3つはかります。よそうをしてからはかりましょう。水のかさは「dL」をつかってあらわしましょう。3人にしょうかいし，サインをもらいましょう。

はかったもの	水のかさ（よそう）	水のかさ（けっか）

✎ ともだちのサイン

水のかさ 2

___くみ ___ばん 名まえ_____

ゴール
ぜんいんが，たんい「L」をつかって，水のかさを あらわすことができる。

かさは もとにする ますをつかって，その何はい分であらわすことができます。かさをあらわすたんいに，リットルがあります。1リットルを1Lとかきます。

❶ 1Lは 10dL です。
1Lのますに，1dLますで
10ぱい入ることをたしかめましょう。

❷ ペットボトルに入っている水のかさを，「L」をつかってあらわしましょう。また，「dL」をつかってあらわしましょう。

（ **2** ）L, （ **20** ）dL

❸ 1Lますと1dLますをつかって，みのまわりのものの水かさを3つはかります。よそうをしてからはかりましょう。水かさは「L」「dL」をつかってあらわしましょう。3人にしょうかいし，サインをもらいましょう。

はかったもの	水のかさ（よそう）	水のかさ（けっか）

✎ ともだちのサイン

水のかさ ③

_____くみ_____ばん 名まえ_____

🏁 ゴール
ぜんいんが,かさを「dL」であらわしたり,mLがつかわれている入れものを見つけたりすることが できる。

❶ 図のようなバケツに入っている,水のかさ をしらべます。この水のかさは何L何dL とあらわすことができるか かきましょう。

(2) L (3) dL

❷ ❶の水のかさは何dLとあらわすことができるでしょうか。答えと そうかんがえたりゆうをかきましょう。
[答え] 23 dL
[りゆう]
1Lは10dLだから,2Lは10dLが2つ分で20dLになる。
それに,3dLをあわせて23dLとあらわすことができる。

❸ 水とうの水のかさを,「〜L〜dL」,「〜dL」の2とおりの方ほうであらわしましょう。なぜ,そのようにあらわすことができるか,3人にせつめいし,なっくしてもらえたらサインをもらいましょう。

(1) L (8) dL, (18) dL

✏️ともだちのサイン [　][　][　]

❹ ❶のLやdLより小さいかさをあらわすたんいに,ミリリットルがあります。ミリリットルは mLとかきます。1000mLは1Lです。みのまわりから,mLのたんいがつかわれている入れものをさがしてかきましょう。
学校のぎゅうにゅう（200mL）,かんジュース（350mL）,
ペットボトル（500mL）

水のかさ ④

_____くみ_____ばん 名まえ_____

🏁 ゴール
ぜんいんが,水のかさのたし算やひき算の計算のしかたを せつめいすることが できる。

❶ やかんに1L5dL,ペットボトルに1Lの水が入っています。あわせると何L何dLになるでしょうか。しき,答え,計算のしかたをかきましょう。計算のしかたは「たんい」ということばをつかいましょう。

[しき] 1L5dL + 1L = 2L5dL
[答え] 2 L 5 dL
[計算のしかた]
おなじたんいどうしをけいさんする。1L5dLを1Lと5dLにわける。
1L+1L=2になる。そこにさっきわけた5dLをたして,2L5dLになる。

❷ やかんとペットボトルの水のかさのちがいをもとめましょう。しき,答え,計算のしかたをかきましょう。計算のしかたは「たんい」ということばをつかいましょう。
[しき] 1L5dL—1L = 5dL　　[答え] 5dL
[計算のしかた]
おなじたんいどうしをけいさんする。1L5dLを1Lと5dLにわける。
1L—1L=0になる。そこにさっきわけた5dLをたして,5dLになる。

❸ ❶❷の計算のしかたを3人にせつめいし,なっくしてもらえたら,サインをもらいましょう。
✏️ともだちのサイン [　][　][　]

❹ つぎの計算をしましょう。
(1) 3L+1L7dL = 4L 7dL　(2) 4L2dL − 2L = 2L 2dL
(3) 2L5dL + 3dL = 2L 8dL　(4) 3L8dL − 4dL = 3L 4dL

時こくと時間 ①

_____くみ_____ばん 名まえ_____

🏁 ゴール
ぜんいんが,かかった時間をいったり,時こくのもとめ方をせつめいしたりすることができる。

❶ えを見て,時こくや時間を答えましょう。

(1) いえを出た時こく　　　(2) 学校についた時こく
(8時)　　　　　　　(8時10分)

(3) いえを出てから,学校につくまでの時間
(10分)

❷ いまの時こくは,2時50分です。つぎの時こくをかきましょう。また,時こくのもとめ方を,3人にせつめいしましょう。なっくしてもらえたら,サインをもらいましょう。

(1) 1時間前 (1時50分)　(2) 2時間後 (4時50分)
　〜時のところを1小さくすればよい。　〜時のところを2大きくすればよい。

(3) 30分前 (2時20分)　(4) 10分後 (3時)
　〜分のところを30小さくすればよい。　10分後は2時60分となり,ちょうど3時になる。

✏️ともだちのサイン [　][　][　]

❸ ( )にあてはまる数をかきましょう。
(1) 1時間= (60) 分
(2) 80分 = (1) 時間 (20) 分

時こくと時間 ②

_____くみ_____ばん 名まえ_____

🏁 ゴール
ぜんいんが,ごぜん・ごごをつけて,時こくをあらわすことができる。

❶ つぎの時こくを,ごぜん・ごごをつけてかきましょう。

ごぜん7時　　ごご3時

❷ 1日は24時間です。そのりゆうを「ごぜん」,「ごご」ということばをつかってかきましょう。
1日に,ごぜんが12時間,ごごが12時間あるので,あわせて24時間になる。

❸ じぶんの1日の生かつについて,ごぜん・ごごをつかっておはなしをかきましょう。おはなしは4ついじょうの文でかきます。（おきた時間,しょくじの時間,あそぶ時間,ねる時間など）3人にせつめいし,正しく時こくをあらわしておはなしがかけていたら,サインをもらいましょう。

ごぜん6時におきました。ごぜん7時にあさごはんをたべました。
ごぜん10時15分から ごぜん11時30分まで こうえんであそびました。
ごご9時に ねました。

✏️ともだちのサイン [　][　][　]

❹ さらさんは,ごぜん11時にこうえんについて,ごご1時にこうえんを出ました。さらさんがこうえんにいた時間は,何時間ですか。
2 時間

答え

長方形と正方形 １

____くみ____ばん 名まえ_____

🏁ゴール
ぜんいんが，直線とはどのような線かを せつめいすることが できる。

❶ あやとりのひも，ゴム，かみをつかって，まっすぐな線をつくりましょう。

❷「直線」とはどのような線なのか，せつめいをかきましょう。また，❶のどうぐをつかって「直線」をかきましょう。

［直線のせつめい］
まっすぐな線のこと。

❸ ものさしをつかって，直線をひきましょう。

_____

❹ みのまわりにある直線になっているものを，3 つ いじょう見つけてかきましょう。3 人にせつめいし，なっとくしてもらえたら，サインをもらいましょう。

（れい）きょうかしょのたてとよこ
　　　えんぴつ
　　　ポスターのたてとよこ　など

🖉ともだちのサイン

長方形と正方形 ２

____くみ____ばん 名まえ_____

🏁ゴール
ぜんいんが，三角形と四角形のとくちょうがわかり，見つけ方をせつめいすることができる。

❶ 三角形，四角形とはどのような形のことをいうか，せつめいをかきましょう。

［三角形］　3本の直線でかこまれた形。
［四角形］　4本の直線でかこまれた形。

❷ 三角形と四角形のかどの数を，それぞれかきましょう。
三角形… 3 つ　　四角形… 4 つ

❸ あといのところを何というか，かきましょう。また，三角形と四角形にいくつずつあるか，かきましょう。

あ（ へん ）三角形…（ 3 ）つ，四角形…（ 4 ）つ
い（ ちょう点 ）三角形…（ 3 ）つ，四角形…（ 4 ）つ

❹ 下の図から，三角形，四角形を 2 つずつ見つけて，答えましょう。それぞれ，なぜ，三角形，四角形，どちらでもない形ということができるのか，3 人にせつめいし，なっとくしてもらえたら，サインをもらいましょう。

三角形… イ　ク　　四角形… ウ　カ

🖉ともだちのサイン

長方形と正方形 ３

____くみ____ばん 名まえ_____

🏁ゴール
ぜんいんが，直角をかいたり，見つけたりすることが できる。

❶ かみをおって，直角をつくりましょう。

❷ 三角じょうぎには，直角のかどがあるかたしかめます。
直角のかどに，いろをぬりましょう。

❸ 三角じょうぎをつかって，直角をかきましょう。
直角のかき方を 3 人にせつめいし，正しくかけていたら，サインをもらいましょう。

1本直線をひき，その直線上に 三角じょうぎを直角があるかどが かさなるようにおき，線をひく。

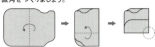

🖉ともだちのサイン

❹ みのまわりで，直角になっているところを，3 つ見つけてかきましょう。

［直角になっているところ］
（れい）本やノートのかど
　　　きょうしつのドアのかど　ロッカーのかど　など

長方形と正方形 ４

____くみ____ばん 名まえ_____

🏁ゴール
ぜんいんが，長方形はどのような形かを せつめいすることが できる。

4 つのかどが，すべて直角な四角形を長方形といいます。

❶「長方形の，むかいあっている辺の長さは，おなじです」というきまりがあります。このことを，おりがみでつくった長方形をつかって，たしかめましょう。

❷ つぎの図の中で，長方形を見つけてかきましょう。また，どのようにしらべて，長方形だとわかったのかかきましょう。3 人にせつめいし，なっとくしてもらえたら，サインをもらいましょう。

［長方形の見つけ方］
三角じょうぎをつかって，4 つのかどがすべて直角かをしらべる。
4 つのかどがすべて直角なのは，アとエだから，アとエが長方形だとわかる。

🖉ともだちのサイン

❸ みのまわりから，長方形の形をしたものを，3 ついじょう見つけてかきましょう。

［長方形の形をしたもの］
（れい）本，きょうかしょ，ノート，こくばん　など

長方形と正方形 5

_____くみ_____ばん 名まえ_____

🏁 ゴール
ぜんいんが，正方形はどのような形かを せつめいすることが できる。

4つのかどがみんな直角で，4つの辺の長さがみんなおなじになっている四角形を正方形といいます。

❶ 長方形のおりがみをおってからきり，「正方形」をつくりましょう。おってからきった形が「正方形」になっていることをたしかめましょう。また，たしかめ方をかきましょう。

[正方形になっていることのたしかめ方]
三角じょうぎをつかって，4つのかどがみんな直角かたしかめる。
かみをおってかさなるかで，4つの辺の長さがみんなおなじかをたしかめる。

❷ つぎの図の中で，正方形を見つけてかきましょう。また，どのようにしらべて，正方形だとわかったのか，かきましょう。3人にせつめいし，なっとくしてもらえたら，サインをもらいましょう。

[正方形の見つけ方]
4つのかどがみんな直角かをしらべる。そのあと，4つの辺の長さもみんなおなじかをしらべる。

[答え] ㋐ ㋒

❸ みのまわりで，正方形の形をしたものを，3つ見つけてかきましょう。

[正方形の形をしたもの]
（れい） おりがみ，ノートのます，ハンカチなど

✏️ ともだちのサイン | | | |

長方形と正方形 6

_____くみ_____ばん 名まえ_____

🏁 ゴール
ぜんいんが，直角三角形はどのような形かを せつめいすることが できる。

❶ おりがみで，長方形と正方形をつくり，図のような点線で きりましょう。そうすると，直角三角形ができます。直角三角形はどのような形のことをいうのでしょうか。せつめいをかきましょう。

[直角三角形のせつめい]
直角のかどがある三角形。

❷ 正方形をきって，直角三角形を4つ つくりましょう。4つの直角三角形をならべて，四角形や三角形をつくり，図であらわしましょう。3人にせつめいし，なっとくしてもらえたら，サインをもらいましょう。

（れい） 直角三角形を4つならべて，長方形をつくりました。
　　　　直角三角形を4つならべて，大きな直角三角形をつくりました。

✏️ ともだちのサイン | | | |

長方形と正方形 7

_____くみ_____ばん 名まえ_____

🏁 ゴール
ぜんいんが，長方形・正方形・直角三角形を かくことが できる。

❶ つぎの形をかきましょう。
（1）たて 3 cm，よこ 4 cm の長方形
（2）たて 2 cm，よこ 7 cm の長方形
（3）1つの辺の長さが 3 cm の正方形
（4）3 cm の辺と 5 cm の辺のあいだに，直角のかどがある直角三角形

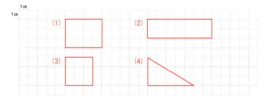

❷ 長方形，正方形，直角三角形をそれぞれ1つずつかきましょう。それぞれの形のかき方と，辺の長さを3人にせつめいし，なっとくしてもらえたら，サインをもらいましょう。

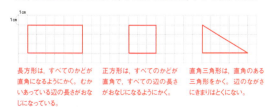

長方形は，すべてのかどが直角になるようにかく。むかいあっている辺の長さがおなじになっている。

正方形は，すべてのかどが直角で，すべての辺の長さがおなじになるようにかく。

直角三角形は，直角のある三角形をかく。辺のながさにきまりはとくにない。

✏️ ともだちのサイン | | | |

かけ算1 ①

_____くみ_____ばん 名まえ_____

🏁 ゴール
ぜんいんが，おなじ数ずつあるもののごうけいを，かけ算をつかって あらわすことが できる。

❶ りんごは，ぜんぶで何こあるでしょうか。（　）にあてはまる数をかきましょう。

1さらに（ 3 ）こずつの（ 4 ）さら分で，（ 12 ）こあります。

❷ りんごのぜんぶの数を，かけ算のしきで，「3×4＝12」とあらわすことができます。このしきの「3」「4」「12」はそれぞれ，何をあらわしているか，かきましょう。

3は，1さらにりんごがなんこずつのっているかをあらわしている。
4は，りんごが3つずつのっているさらがなんさらあるかをあらわしている。
12は，ぜんぶのりんごのかずをあらわしている。

❸ つぎのえを見て，ぜんぶでいくつあるか，かけ算のしきにあらわしましょう。なぜ，そのようなしきになったのか，3人にせつめいし，なっとくしてもらえたら，サインをもらいましょう。

(1)  [しき] 2×4＝8

1さらに2こずつのドーナツが4さら分で，8こになっている。

(2) [しき] 5×3＝15

1ふくろに5こずつのみかんが3ふくろ分で，15こになっている。

✏️ ともだちのサイン | | | |

139

答え

かけ算1 ②

___くみ ___ばん 名まえ_____

🏁 **ゴール** ぜんいんが，かけ算の答えが，おなじ数のたし算でもとめられることや，ばいのいみを，せつめいすることが できる。

❶ 1パックに 6このたまごが 入っています。3パック分の数をかんがえます。
かけ算のしきでは，6×3とあらわすことができます。
6×3の答えは，たし算のしきで，もとめることができます。
どのようなたし算のしきで，もとめることができるか，せつめいをかきましょう。

6×3というのは，6こずつのものが 3つ分あるということなので，6＋6＋6をしてもとめることができる。

❷ えを見て，かけ算のしきにあらわし，ぜんぶの数をもとめましょう。
また，もとめるためのたし算のしきもかきましょう。
もとめかたを3人にせつめいし，なっとくしてもらえたら，サインをもらいましょう。

(1) りんご　　　　　　　　　　(2) ドーナツ

[し　き]　3×5＝15　　　　　[し　き]　5×4＝20
　　　　　3＋3＋3＋3＋3＝15　　　　　　5＋5＋5＋5＝20
[答　え]　15こ　　　　　　　　[答　え]　20こ

✏ ともだちのサイン ｜　｜　｜　｜

❸ 2cmのテープの3つ分の長さは，2cmの何ばいですか。また，それは何cmですか。
(　3　) ばい (　6　) cm

かけ算1 ③

___くみ ___ばん 名まえ_____

🏁 **ゴール** ぜんいんが，みのまわりから，かけ算でのしきであらわせるばめんを見つけて，しきにあらわすことが できる。

❶ みのまわりのもので，かけ算であらわせるばめんを5つ見つけ，しきにあらわしましょう。3人にせつめいし，なっとくしてもらえたらサインをもらいましょう。

(1) (　きょうしつのつくえ　) [しき] 4×6＝24
(2) (　きょうしつのまどガラス　) [しき] 2×4＝8
(3) (　きょうしつのドア　) [しき] 1×2＝2
(4) (　ロッカー　) [しき] 3×8＝24
(5) (　たいいくかんのたなのボール　) [しき] 7×6＝42

✏ ともだちのサイン ｜　｜　｜　｜

❷ しきにかいたものから1つえらび，カードや がようしに，しきやえをかいてまとめましょう。

(れい)

教室のロッカー　3×8＝24

かけ算1 ④

___くみ ___ばん 名まえ_____

🏁 **ゴール** ぜんいんが，2のだんの九九の答えのもとめ方をせつめいすることが できる。

プリンが1パックに2こずつ入っています。

❶ 1〜5パック分のプリンのえを見て，それぞれプリンは何こになるか かんがえ，かけ算のしきと答えをかきましょう。

(1) 1パック分　　(2) × (1) ＝ (2)
(2) 2パック分　　(2) × (2) ＝ (4)
(3) 3パック分　　(2) × (3) ＝ (6)
(4) 4パック分　　(2) × (4) ＝ (8)
(5) 5パック分　　(2) × (5) ＝ (10)

❷ 6〜9パック分になると，それぞれプリンは何こになるか かんがえ，かけ算のしきと答えをかきましょう。

(1) 6パック分　　(2) × (6) ＝ (12)
(2) 7パック分　　(2) × (7) ＝ (14)
(3) 8パック分　　(2) × (8) ＝ (16)
(4) 9パック分　　(2) × (9) ＝ (18)

❸ 2のだんのかけ算で，2×5の答えがわかっているときに，2×6の答えはえを見て数えずに，どのようにして，もとめることができるか，3人にせつめいし，なっとくしてもらえたら，サインをもらいましょう。

2×6は2×5から，1パック分ふえたので，プリンは2こふえる。
だから，2×5の答えに2をたすと，2×6の答えになる。

✏ ともだちのサイン ｜　｜　｜　｜

かけ算1 ⑤

___くみ ___ばん 名まえ_____

🏁 **ゴール** ぜんいんが，2のだんの九九をおぼえ，もんだいをつくることが できる。

❶ 2のだんの九九カードをつくり，おぼえましょう。2のだんの九九をじゅんばんにいい，3人にきいてもらいましょう。正しくいうことができていたら，サインをもらいましょう。

【2のだんの九九】

2×1＝ 2 ……二一（にいち）が 2（に）
2×2＝ 4 ……二二（ににん）が 4（し）
2×3＝ 6 ……二三（にさん）が 6（ろく）
2×4＝ 8 ……二四（にし） が 8（はち）
2×5＝10 ……二五（にご） 10（じゅう）
2×6＝12 ……二六（にろく） 12（じゅうに）
2×7＝14 ……二七（にしち） 14（じゅうし）
2×8＝16 ……二八（にはち） 16（じゅうろく）
2×9＝18 ……二九（にく） 18（じゅうはち）

✏ ともだちのサイン ｜　｜　｜　｜

❷ 2本で1くみのボールペンを，4くみかいました。ボールペンは，ぜんぶで何本ありますか。

[し　き]　2×4＝8　　[答　え]　8本

❸ 2×6のしきになる もんだいをつくりましょう。3人にせつめいし，なっとくしてもらえたら，サインをもらいましょう。

[もんだい]
1パックに2本入っているチーズかまぼこを6パックかいました。
チーズかまぼこは，ぜんぶで何本ありますか。

✏ ともだちのサイン ｜　｜　｜　｜

かけ算1 6

_____くみ_____ばん 名まえ_____

🏁 ゴール
ぜんいんが，5のだんの九九の答えのもとめ方を せつめいすることが できる。

おかしが1はこに5こずつ入っています。

❶ 1～5はこ分のおかしのえを見て，それぞれおかしは何こになるか かんがえ，かけ算のしきと答えをかきましょう。

(1) 1はこ分　　　　　　　　　(5) × (1) = (5)
(2) 2はこ分　　　　　　　　　(5) × (2) = (10)
(3) 3はこ分　　　　　　　　　(5) × (3) = (15)
(4) 4はこ分　　　　　　　　　(5) × (4) = (20)
(5) 5はこ分　　　　　　　　　(5) × (5) = (25)

❷ 6～9こ分になると，それぞれおかしは何こになるか かんがえ，かけ算のしきと答えをかきましょう。

(1) 6はこ分　　　　　　　　　(5) × (6) = (30)
(2) 7はこ分　　　　　　　　　(5) × (7) = (35)
(3) 8はこ分　　　　　　　　　(5) × (8) = (40)
(4) 9はこ分　　　　　　　　　(5) × (9) = (45)

❸ 5のだんのかけ算で，5×5の答えがわかっているときに，5×6の答えはえを見て数えずに，どのようにして，もとめることができるか，3人にせつめいし，なっとくしてもらえたら，サインをもらいましょう。

5×6は5×5から，1はこ分ふえたので，おかしは5こふえる。
だから，5×5の答えに5をたすと，5×6の答えになる。

✏ ともだちのサイン ｜　　　｜　　　｜　　　｜

かけ算1 7

_____くみ_____ばん 名まえ_____

🏁 ゴール
ぜんいんが，5のだんの九九をおぼえ，もんだいをつくることが できる。

❶ 5のだんの九九カードをつくり，おぼえましょう。5のだんの九九をじゅんばんにいい，3人にきいてもらいましょう。正しくいうことができていたら，サインをもらいましょう。

【5のだんの九九】
5×1＝ 5 …… 五一（ごいち）が 5（ご）
5×2＝10 …… 五二（ごに）　　10（じゅう）
5×3＝15 …… 五三（ごさん）　15（じゅうご）
5×4＝20 …… 五四（ごし）　　20（にじゅう）
5×5＝25 …… 五五（ごご）　　25（にじゅうご）
5×6＝30 …… 五六（ごろく）　30（さんじゅう）
5×7＝35 …… 五七（ごしち）　35（さんじゅうご）
5×8＝40 …… 五八（ごは）　　40（しじゅう）
5×9＝45 …… 五九（ごっく）　45（しじゅうご）

✏ ともだちのサイン ｜　　　｜　　　｜　　　｜

❷ 5人のりの車が4台あります。ぜんぶで何人のることができるでしょうか。しきと答えをかきましょう。

［し　き］ 5×4＝20　［答　え］ 20人

❸ 5のだんの九九をつかうかけ算のもんだいをつくりましょう。3人にせつめいし，なっとくしてもらえたら，サインをもらいましょう。
［もんだい］
1パックに5まい入りのカードを，6パックもらいました。
カードはぜんぶでなんまいもらったでしょうか。

✏ ともだちのサイン ｜　　　｜　　　｜　　　｜

かけ算1 8

_____くみ_____ばん 名まえ_____

🏁 ゴール
ぜんいんが，3のだんの九九の答えのもとめ方を せつめいすることが できる。

三りん車がたくさんあります。

❶ 1～4台分の三りん車のえを見て，それぞれタイヤは何こになるか かんがえ，かけ算のしきと答えをかきましょう。

(1) 　　　　　　　　　　　　(3) × (1) = (3)
(2) 　　　　　　　　　　　　(3) × (2) = (6)
(3) 　　　　　　　　　　　　(3) × (3) = (9)
(4) 　　　　　　　　　　　　(3) × (4) = (12)

❷ 5～9台分になると，それぞれタイヤは何こになるか かんがえ，かけ算のしきと答えをかきましょう。

(1) 5台分　　　　　　　　　(3) × (5) = (15)
(2) 6台分　　　　　　　　　(3) × (6) = (18)
(3) 7台分　　　　　　　　　(3) × (7) = (21)
(4) 8台分　　　　　　　　　(3) × (8) = (24)
(5) 9台分　　　　　　　　　(3) × (9) = (27)

❸ 3のだんのかけ算で，3×4の答えがわかっているときに，3×5の答えは えを見て数えずに，どのようにして，もとめることができるか，3人にせつめいし，なっとくしてもらえたら，サインをもらいましょう。

3×5は，3×4より三りん車が1台ふえて，タイヤが3つふえている。
だから，3×4の答えに3をたすと，3×5の答えになる。

✏ ともだちのサイン ｜　　　｜　　　｜　　　｜

かけ算1 9

_____くみ_____ばん 名まえ_____

🏁 ゴール
ぜんいんが，3のだんの九九をおぼえ，もんだいをとくことが できる。

❶ 3のだんの九九カードをつくり，おぼえましょう。3のだんの九九をじゅんばんにいい，3人にきいてもらいましょう。正しくいうことができていたら，サインをもらいましょう。

【3のだんの九九】
3×1＝ 3 …… 三一（さんいち）が 3（さん）
3×2＝ 6 …… 三二（さんに）　が 6（ろく）
3×3＝ 9 …… 三三（さざん）　が 9（く）
3×4＝12 …… 三四（さんし）　　12（じゅうに）
3×5＝15 …… 三五（さんご）　　15（じゅうご）
3×6＝18 …… 三六（さぶろく）　18（じゅうはち）
3×7＝21 …… 三七（さんしち）　21（にじゅういち）
3×8＝24 …… 三八（さんぱ）　　24（にじゅうし）
3×9＝27 …… 三九（さんく）　　27（にじゅうしち）

✏ ともだちのサイン ｜　　　｜　　　｜　　　｜

❷ 3人ずつ すわれるいすが7つあります。ぜんぶで何人すわれますか。しきと答えをかきましょう。

［し　き］ 3×7＝21　［答　え］ 21人

❸ 3のだんの九九をつかう かけ算のもんだいを つくりましょう。
［もんだい］
(れい) みかんが1ふくろに3こ 入っています。3ふくろ かうと，何こでしょうか。

［し　き］ 3×3＝9　［答　え］ 9こ

答え

かけ算1 ⑩

____くみ____ばん 名まえ_____

ゴール ぜんいんが、4のだんの九九の答えのもとめ方を せつめいすることが できる。

じどう車をつくります。1台にタイヤを4こつけます。

❶ 1〜4台分のじどう車のえを見て、それぞれタイヤは何こになるか かんがえ、かけ算のしきと答えをかきましょう。
(1) (**4**) × (**1**) = (**4**)
(2) (**4**) × (**2**) = (**8**)
(3) (**4**) × (**3**) = (**12**)
(4) (**4**) × (**4**) = (**16**)

❷ 5〜9台分になると、それぞれタイヤは何こになるか かんがえ、かけ算のしきと答えをかきましょう。
(1) 5台分 (**4**) × (**5**) = (**20**)
(2) 6台分 (**4**) × (**6**) = (**24**)
(3) 7台分 (**4**) × (**7**) = (**28**)
(4) 8台分 (**4**) × (**8**) = (**32**)
(5) 9台分 (**4**) × (**9**) = (**36**)

❸ 4のだんのかけ算で、4×4の答えがわかっているときに、4×5の答えは えを見て数えずに、どのようにして、もとめることができるか、3人にせつめいし、なっとくしてもらえたら、サインをもらいましょう。

4×5は、4×4より、車が1台分ふえており、タイヤは4つふえている。
だから、4×4の答えに4をたすと、4×5の答えになる。

✏ ともだちのサイン

かけ算1 ⑪

____くみ____ばん 名まえ_____

ゴール ぜんいんが、4のだんの九九をおぼえ、もんだいをとくことが できる。

❶ 4のだんの九九カードをつくり、おぼえましょう。4のだんの九九をじゅんばんにいい、3人にきいてもらいましょう。正しくいうことができていたら、サインをもらいましょう。

【4のだんの九九】
4×1= 4 四一（しいち） が 4（し）
4×2= 8 四二（しに） が 8（はち）
4×3= 12 四三（しさん） 12（じゅうに）
4×4= 16 四四（しし） 16（じゅうろく）
4×5= 20 四五（しご） 20（にじゅう）
4×6= 24 四六（しろく） 24（にじゅうし）
4×7= 28 四七（ししち） 28（にじゅうはち）
4×8= 32 四八（しは） 32（さんじゅうに）
4×9= 36 四九（しく） 36（さんじゅうろく）

✏ ともだちのサイン

❷ あめを1人に4こずつ くばります。7人にくばるには、何こひつようですか。しきと答えをかきましょう。

[しき] **4×7＝28**   [答え] **28こ**

❸ 4dL入りのジュースのびんが4本あります。ジュースはぜんぶで何dLになるでしょうか。しきと答えをかきましょう。

[しき] **4×4＝16**   [答え] **16dL**

かけ算1 ⑫

____くみ____ばん 名まえ_____

ゴール ぜんいんが、かけ算のきまりを見つけて、せつめいすることが できる。

【2のだん】	【3のだん】	【4のだん】	【5のだん】
2×1= 2	3×1= 3	4×1= 4	5×1= 5
2×2= 4	3×2= 6	4×2= 8	5×2= 10
2×3= 6	3×3= 9	4×3= 12	5×3= 15
2×4= 8	3×4= 12	4×4= 16	5×4= 20
2×5= 10	3×5= 15	4×5= 20	5×5= 25
2×6= 12	3×6= 18	4×6= 24	5×6= 30
2×7= 14	3×7= 21	4×7= 28	5×7= 35
2×8= 16	3×8= 24	4×8= 32	5×8= 40
2×9= 18	3×9= 27	4×9= 36	5×9= 45

❶ 2のだんの答え、3のだんの答え、5のだんの答えのあいだには あるきまりがあります。どんなきまりがあるか、かんがえてかきましょう。

2のだんの答えと3のだんの答えをたすと、5のだんの答えになっている。

❷ 2のだんから5のだんまでの九九のしきを見て、❶のほかにきまりを3つ見つけて、かきましょう。3人にせつめいし、なっとくしてもらえたら、サインをもらいましょう。

・どのだんも、かけるかずが1つふえると、かけられるかずだけ大きくなっている。
・どのだんも、かけるかずが1つへると、かけられるかずだけ小さくなっている。
・かける数がおなじであるとき、2のだんの答えは 4のだんの答えの、はんぶんになっている。

✏ ともだちのサイン

かけ算2 ①

____くみ____ばん 名まえ_____

ゴール ぜんいんが、6のだんの九九の答えのもとめ方を せつめいすることが できる。

チーズが1はこに6こずつ入っています。

❶ 1〜5はこ分までのチーズの数の、かけ算のしきをかきましょう。
(1) 1はこ分 (**6**) × (**1**) = (**6**)
(2) 2はこ分 (**6**) × (**2**) = (**12**)
(3) 3はこ分 (**6**) × (**3**) = (**18**)
(4) 4はこ分 (**6**) × (**4**) = (**24**)
(5) 5はこ分 (**6**) × (**5**) = (**30**)

❷ 6×2の答えは、えを見て数えずに、どのようにして、もとめることができるか、せつめいをかきましょう。

6×2は6×1より、6こずつ入ったチーズのはこが1はこふえているので、6×1の答えに6をたしたものになる。

❸ かけ算には、「かける数が1ふえると、答えはかけられる数だけふえる」というふえ方のきまりがある。このことがなり立つことを、6のだんの九九をつかって、3人にせつめいし、なっとくしてもらえたら、サインをもらいましょう。

✏ ともだちのサイン

❹ かけ算のふえ方のきまりをつかって、6〜9はこ分の、チーズの数のかけ算のしきをかきましょう。
(1) 6はこ分 (**6**) × (**6**) = (**36**)
(2) 7はこ分 (**6**) × (**7**) = (**42**)
(3) 8はこ分 (**6**) × (**8**) = (**48**)
(4) 9はこ分 (**6**) × (**9**) = (**54**)

かけ算2 ②

_____くみ_____ばん　名まえ_____

🏁 ゴール
ぜんいんが，6のだんの九九をおぼえ，もんだいをとくことが できる。

❶ 6のだんの九九カードをつくり，おぼえましょう。6のだんの九九をじゅんばんにいい，3人にきいてもらいましょう。正しくいうことができていたら，サインをもらいましょう。

【6のだんの九九】
6 × 1 ＝　6 ──── 六一（ろくいち）が 6（ろく）
6 × 2 ＝ 12 ──── 六二（ろくに）　 12（じゅうに）
6 × 3 ＝ 18 ──── 六三（ろくさん） 18（じゅうはち）
6 × 4 ＝ 24 ──── 六四（ろくし）　 24（にじゅうし）
6 × 5 ＝ 30 ──── 六五（ろくご）　 30（さんじゅう）
6 × 6 ＝ 36 ──── 六六（ろくろく） 36（さんじゅうろく）
6 × 7 ＝ 42 ──── 六七（ろくしち） 42（しじゅうに）
6 × 8 ＝ 48 ──── 六八（ろくは）　 48（しじゅうはち）
6 × 9 ＝ 54 ──── 六九（ろっく）　 54（ごじゅうし）

✏ ともだちのサイン ｜　　　｜　　　｜　　　｜

❷ 1ふくろに6まいずつ入った食パンが，3ふくろあります。食パンはぜんぶで何まいありますか。しきと答えをかきましょう。

　［し き］　　6 × 3 ＝ 18　　　［答 え］　　18まい

❸ 6のだんの九九をつかった もんだいをつくりましょう。
［もんだい］
（れい）1人につき，おかしを6こ わたします。7人いるとき，おかしは いくつひつようですか。

❹ あめが 1さらに 6こ のっています。4さらでは 何こになるでしょうか。

　［し き］　　6 × 4 ＝ 24　　　［答 え］　　24　こ

かけ算2 ③

_____くみ_____ばん　名まえ_____

🏁 ゴール
ぜんいんが，7のだんの九九の答えのもとめ方を せつめいすることが できる。

1はこが7本入りのサインペンがあります。

❶ 1〜4はこ分までのサインペンの数の，かけ算のしきをかきましょう。
(1) 1はこ分　　　(7) × (1) ＝ (7)
(2) 2はこ分　　　(7) × (2) ＝ (14)
(3) 3はこ分　　　(7) × (3) ＝ (21)
(4) 4はこ分　　　(7) × (4) ＝ (28)

❷ 7のだんのかけ算の答えは，えを見て数えずに，どのようにして，もとめることができるか，せつめいをかきましょう。

かける数が1ふえると，かけられる数の分だけ大きくなるので，7×2は7×1より，7大きくなる。7×1＝7なので，7×2＝14になる。7×3は，14に7をたしたものになる。

❸ かけ算には，「かける数とかけられる数を入れかえても 答えはおなじ」というきまりがある。このことがなり立つことを，7のだんの九九をつかって，3人にせつめいし，なっとくしてもらえたら，サインをもらいましょう。

✏ ともだちのサイン ｜　　　｜　　　｜　　　｜

❹ ❸のかけ算のきまりや，かけ算のふえ方のきまりをつかって，5〜9はこ分の，サインペンの数のかけ算のしきをかきましょう。
(1) 5はこ分　　　(7) × (5) ＝ (35)
(2) 6はこ分　　　(7) × (6) ＝ (42)
(3) 7はこ分　　　(7) × (7) ＝ (49)
(4) 8はこ分　　　(7) × (8) ＝ (56)
(5) 9はこ分　　　(7) × (9) ＝ (63)

かけ算2 ④

_____くみ_____ばん　名まえ_____

🏁 ゴール
ぜんいんが，7のだんの九九をおぼえ，もんだいをとくことが できる。

❶ 7のだんの九九カードをつくり，おぼえましょう。7のだんの九九をじゅんばんにいい，3人にきいてもらいましょう。正しくいうことができていたら，サインをもらいましょう。

【7のだんの九九】
7 × 1 ＝　7 ──── 七一（しちいち）が 7（しち）
7 × 2 ＝ 14 ──── 七二（しちに）　 14（じゅうし）
7 × 3 ＝ 21 ──── 七三（しちさん） 21（にじゅういち）
7 × 4 ＝ 28 ──── 七四（しちし）　 28（にじゅうはち）
7 × 5 ＝ 35 ──── 七五（しちご）　 35（さんじゅうご）
7 × 6 ＝ 42 ──── 七六（しちろく） 42（しじゅうに）
7 × 7 ＝ 49 ──── 七七（しちしち） 49（しじゅうく）
7 × 8 ＝ 56 ──── 七八（しちは）　 56（ごじゅうろく）
7 × 9 ＝ 63 ──── 七九（しちく）　 63（ろくじゅうさん）

✏ ともだちのサイン ｜　　　｜　　　｜　　　｜

❷ 1しゅうかんは，7日です。4しゅうかんでは，何日になるでしょうか。しきと答えをかきましょう。

　［し き］　　7 × 4 ＝ 28　　　［答 え］　　28日

❸ 7×5の答えはわかるのですが，7×6の答えがわからなくなったともだちがいます。どのようにおしえてあげればよいか かんがえ，しきをつかって，おしえ方のせつめいをかきましょう。3人にせつめいし，なっとくしてもらえたら，サインをもらいましょう。

かけ算には，かける数が1ふえると，答えはかけられる数だけふえるというきまりがあります。かけられる数は7です。かける数が5から6に1ふえているので，答えは7×5に7をたしたものになります。

✏ ともだちのサイン ｜　　　｜　　　｜　　　｜

かけ算2 ⑤

_____くみ_____ばん　名まえ_____

🏁 ゴール
ぜんいんが，8のだんの九九の答えのもとめ方を せつめいすることが できる。

❶ あめを1人に8こずつあげます。3人分では，何こ ひつようでしょうか。しきと答え，けいさんのしかたをかきましょう。

　［し き］　　8 × 3 ＝ 24　　　［答 え］　　24こ

［けいさんのしかた］
・かけ算には，かけられる数とかける数をはんたいにしてかけても，答えはおなじになるというきまりがある。3×8＝24なので，8×3＝24。
・かける数が1ふえると，8ずつふえるので，8×2＝16，8×3＝24。

❷ かけ算のきまり2つをつかって，8のだんの九九をつくりましょう。8のだんの九九のつくり方を3人にせつめいし，なっとくしてもらえたら，サインをもらいましょう。

8 × 1 ＝ 8
8 × 2 ＝ 16
8 × 3 ＝ 24
8 × 4 ＝ 32
8 × 5 ＝ 40
8 × 6 ＝ 48
8 × 7 ＝ 56
8 × 8 ＝ 64
8 × 9 ＝ 72

・かける数が1ふえると，かけられる数が8ずつふえるので，すべて，まえの答えに8ずつたしていけば答えがでる。
・かけ算には，かけられる数とかける数をはんたいにしてかけても，答えはおなじになるので，8×7までは，2のだんから7のだんをつかって，答えをだせる。

✏ ともだちのサイン ｜　　　｜　　　｜　　　｜

答え

かけ算2 ⑥

____くみ ____ばん 名まえ_____

🏁 ゴール
ぜんいんが，8のだんの九九をおぼえ，もんだいをとくことが できる。

❶ 8のだんの九九カードをつくり，おぼえましょう。8のだんの九九をじゅんばんにいい，3人にきいてもらいましょう。正しくいうことができていたら，サインをもらいましょう。

【8のだんの九九】
8 × 1 = 8 ── 八一（はちいち）が 8（はち）
8 × 2 = 16 ── 八二（はちに）　　16（じゅうろく）
8 × 3 = 24 ── 八三（はちさん）　24（にじゅうし）
8 × 4 = 32 ── 八四（はちし）　　32（さんじゅうに）
8 × 5 = 40 ── 八五（はちご）　　40（しじゅう）
8 × 6 = 48 ── 八六（はちろく）　48（しじゅうはち）
8 × 7 = 56 ── 八七（はちしち）　56（ごじゅうろく）
8 × 8 = 64 ── 八八（はっぱ）　　64（ろくじゅうし）
8 × 9 = 72 ── 八九（はっく）　　72（しちじゅうに）

✏️ ともだちのサイン

❷ 長いすが 7 つあります。1 つに 8 人ずつすわれます。ぜんぶで何人すわれますか。しきと答えをかきましょう。

［し き］　**8 × 7 = 56**

［答 え］　**56 人**

❸ 8 × 3 の答えに 8 × 2 の答えをたすと，8 にどんな数をかけた数とおなじになるかかんがえましょう。なぜそのようになるか，ブロックや図をつかい3人にせつめいし，なっとくしてもらえたらサインをもらいましょう。

(1) 8 × 3 の答えに 8 × 2 の答えをたすと，8 ×（　**5**　）とおなじになる。

✏️ ともだちのサイン

かけ算2 ⑦

____くみ ____ばん 名まえ_____

🏁 ゴール
ぜんいんが，9のだんの九九の答えのもとめ方を せつめいすることが できる。

❶ 1チーム9人でつなひきをします。4チームでは，何人になりますか。しきと答え，けいさんのしかたをかきましょう。

［し き］　**9 × 4 = 36**

［答 え］　**36 人**

［けいさんのしかた］
・かけ算には，かけられる数とかける数をはんたいにしてかけても，答えはおなじになるというきまりがある。4 × 9 = 36 なので，9 × 4 = 36。
・かける数が 1 ふえると，9 ずつふえるので，
　9 × 1 = 9, 9 × 2 = 18, 9 × 3 = 27, 9 × 4 = 36。

❷ かけ算のきまり2つをつかって，9のだんの九九をつくりましょう。9のだんの九九のつくり方を3人にせつめいし，なっとくしてもらえたら，サインをもらいましょう。

9 × 1 = 9
9 × 2 = 18
9 × 3 = 27
9 × 4 = 36
9 × 5 = 45
9 × 6 = 54
9 × 7 = 63
9 × 8 = 72
9 × 9 = 81

・かける数が 1 ふえると，かけられる数が 9 ずつふえるので，すべて，まえの答えに 9 ずつたしていけば答えがでる。
・かけ算には，かけられる数とかける数をはんたいにしてかけても，答えはおなじになるので，9 × 8 までは，2 のだんから 8 のだんをつかって，答えをだせる。

✏️ ともだちのサイン

かけ算2 ⑧

____くみ ____ばん 名まえ_____

🏁 ゴール
ぜんいんが，9のだんの九九をおぼえ，もんだいをといたり つくったりすることが できる。

❶ 9のだんの九九カードをつくり，おぼえましょう。9のだんの九九をじゅんばんにいい，3人にきいてもらいましょう。正しくいうことができていたら，サインをもらいましょう。

【9のだんの九九】
9 × 1 = 9 ── 九一（くいち）が 9（く）
9 × 2 = 18 ── 九二（くに）　　18（じゅうはち）
9 × 3 = 27 ── 九三（くさん）　27（にじゅうしち）
9 × 4 = 36 ── 九四（くし）　　36（さんじゅうろく）
9 × 5 = 45 ── 九五（くご）　　45（しじゅうご）
9 × 6 = 54 ── 九六（くろく）　54（ごじゅうし）
9 × 7 = 63 ── 九七（くしち）　63（ろくじゅうさん）
9 × 8 = 72 ── 九八（くは）　　72（しちじゅうに）
9 × 9 = 81 ── 九九（くく）　　81（はちじゅういち）

✏️ ともだちのサイン

❷ ケーキを4はこかいました。どのはこにも，ケーキは9こ入っています。ケーキはぜんぶで何こありますか。しきと答えをかきましょう。

［し き］　**9 × 4 = 36**　　［答 え］　**36 こ**

❸ 9のだんのかけ算のもんだいをつくり，しきと答えをかきましょう。

［もんだい文］
チョコレートが 1 はこに 9 こずつ入っています。
6 はこかいました。チョコレートはぜんぶで何こありますか。

［し き］　**9 × 6 = 54**　　［答 え］　**54 こ**

かけ算2 ⑨

____くみ ____ばん 名まえ_____

🏁 ゴール
ぜんいんが，1のだんの九九の答えのもとめ方をせつめいしたり，おぼえたりすることが できる。

❶ まさるさんは，1日に1本ずつぎゅうにゅうをのみます。6日かんでは，何本のみますか。

［し き］　**1 × 6 = 6**

［答 え］　**6 本**

❷ かけ算のきまり2つをつかって，1のだんの九九をつくりましょう。1のだんの九九のつくり方を3人にせつめいし，なっとくしてもらえたら，サインをもらいましょう。

[1のだんの九九]
1 × 1 = 1
1 × 2 = 2
1 × 3 = 3
1 × 4 = 4
1 × 5 = 5
1 × 6 = 6
1 × 7 = 7
1 × 8 = 8
1 × 9 = 9

・かける数が 1 ふえると，かけられる数の 1 ずつふえるので，すべて，まえの答えに 1 ずつたしていけば答えがでる。
・かけざんには，かけられる数とかける数を はんたいにしてかけても，答えはおなじになるので，2 のだんから 9 のだんをつかって，答えをだせる。

❸ 1のだんの九九カードをつくり，おぼえましょう。

✏️ ともだちのサイン

かけ算2 ⑩

__くみ __ばん 名まえ_____

🏁ゴール
ぜんいんが，九九のひょうをつくり，見つけたきまりを せつめいすることが できる。

❶ 1〜9のだんまでの九九を，1まいにまとめた，九九のひょうをつくりましょう。

	1	2	3	4	5	6	7	8	9
1	1	2	3	4	5	6	7	8	9
2	2	4	6	8	10	12	14	16	18
3	3	6	9	12	15	18	21	24	27
4	4	8	12	16	20	24	28	32	36
5	5	10	15	20	25	30	35	40	45
6	6	12	18	24	30	36	42	48	54
7	7	14	21	28	35	42	49	56	63
8	8	16	24	32	40	48	56	64	72
9	9	18	27	36	45	54	63	72	81

❷ つくった九九のひょうを見て，きまりを 3 ついじょう見つけてかきましょう。
見つけたきまりを 3 人にせつめいし，なっとくしてもらえたら，サインをもらいましょう。

(れい) ・よこにみると，おなじ数ずつ答えが大きくなっている。
・おなじ答えになるものがある。
・ひだりうえからななめにみると，おなじ数ずつ答えが大きくなっていない。
・3のだんと5のだんの答えをたすと，8のだんの答えになる。 など

✏️ともだちのサイン | | | |

❸ ( )にあてはまる数をかきましょう。
(1) 6×8 = 6×7 + (**6**)　(2) 5×5 = 5×4 + (**5**)
(3) 3×7 = 3×6 + (**3**)　(4) 9×4 = 9×3 + (**9**)
(5) 2×6 = 6 × (**2**)　(6) 7×9 = (**9**) ×7

かけ算2 ⑪

__くみ __ばん 名まえ_____

🏁ゴール
ぜんいんが，九九をこえたかけ算の計算のしかたを せつめいすることが できる。

	1	2	3	4	5	6	7	8	9	10	11	12
1	1	2	3	4	5	6	7	8	9			
2	2	4	6	8	10	12	14	16	18			
3	3	6	9	12	15	18	21	24	27			
4	4	8	12	16	20	24	28	32	36		④	
5	5	10	15	20	25	30	35	40	45			
6	6	12	18	24	30	36	42	48	54			
7	7	14	21	28	35	42	49	56	63			
8	8	16	24	32	40	48	56	64	72			
9	9	18	27	36	45	54	63	72	81			
10												
11			⑦									
12												

❶ ( )にあてはまる数をかきましょう。
(1) ⑦には，(**11**) × (**4**) の答えが入ります。
(2) ④には，(**4**) × (**11**) の答えが入ります。

❷ ⑦，④に入る数をかけ算のきまりをつかってもとめましょう。また，計算のしかたをかきましょう。3 人にせつめいし，なっとくしてもらえたら，サインをもらいましょう。
⑦ (**44**)　④ (**44**)

(れい) ・かける数が 1 ふえるとかけられる数だけふえるというきまりがある。4×9 = 36 なので，4×10 はこれに 4 をたしたものなので，40。4×11 はさらに 4 をたして 44 になる。
・かけられる数とかける数を入れかえて計算しても答えはおなじになる。4×11 と 11×4 の答えはおなじなので 44 になる。

※時間があまったら，ひょうにあいているところに入る数をかんがえましょう。

10000 までの数 ❶

__くみ __ばん 名まえ_____

🏁ゴール
ぜんいんが，1000 より大きい数を数え，正しくかいたりよんだりすることが できる。

❶ カードがあらわす数をかんがえます。

(1) ( )にあてはまる数をかきましょう。
1000 が (**2**) こ，100 が (**4**) こ，
10 が (**6**) こ，1 が (**3**) こあります。

(2) 数を数字でかきましょう。

千のくらい	百のくらい	十のくらい	一のくらい
2	4	6	3

❷ おりがみのまい数を数え，数字でかきましょう。また，数え方を「1000」，「100」，「10」，「1」，ということばをつかってかきましょう。3 人にせつめいし，なっとくしてもらえたら，サインをもらいましょう。

1000 のまとまりが 4 こで 4000 まい。
100 のまとまりが 1 こで 100 まい。
10 のまとまりはない。1 まいのかみが 7 まい。
あわせて 4107 まい。

 4107 まい

✏️ともだちのサイン | | | |

❸ かん字でかかれた数を 数字でかきましょう。
(1) 千六百四十八 (**1648**) (2) 三千九十 (**3090**)

10000 までの数 ❷

__くみ __ばん 名まえ_____

🏁ゴール
ぜんいんが，1000 より大きい数の数え方を せつめいすることが できる。

❶ カードがあらわす数をかんがえます。カードは 3148 をあらわしています。
そのりゆうをかきましょう。

千のくらい	百のくらい	十のくらい	一のくらい
3	1	4	8

1000 のカードが 3 まいで 3000。100 のカードはない。10 のカードが 14 まいあり，10 のカード 10 まいで 100 になるので 100 が 1 つで 100。のこりの 10 のカードが 4 まいで 40。1 のカードが 8 まいで 8。あわせて 3148。

❷ カードがあらわす数を数字でかきましょう。また，そのりゆうをかきましょう。3 人にせつめいし，なっとくしてもらえたらサインをもらいましょう。

千のくらい	百のくらい	十のくらい	一のくらい
3	0	0	9

1 のカードが 9 まいで 9。10 のカードが 10 まいで 100。百のくらいにくり上げて，十のくらいは 0。100 のカードが 9 まいで 900。10 のまとまりの 100 とあわせて 1000。千のくらいにくり上げて，百のくらいは 0。1000 のカードが 2 まいで 2000。100 のまとまりの 1000 とあわせて 3000。ぜんぶをあわせて 3009 になる。

✏️ともだちのサイン | | | |

❸ ( )にあてはまる数をかきましょう。
(1) 1000 を 5 こ，100 を 7 こ，10 を 2 こ，1 を 8 こ あわせた数は，
(**5728**) です。
(2) 7604 は，1000 を (**7**) こ，100 を (**6**) こ，
1 を (**4**) こ あわせた数です。
(3) 千のくらいが 4，百のくらいが 8，十のくらいが 1，一のくらいが 0 の数は，
(**4810**) です。

答え

10000 までの数 ③

___くみ ___ばん 名まえ___

🏁 ゴール
ぜんいんが，文をしきであらわしたり，大小のくらべ方を せつめいしたりできる。

❶ つぎの文をしきにあらわしましょう。なぜそうあらわせるか，りゆうもかきましょう。
6950 は，6000 と 900 と 50 をあわせた数です。

6950 = (**6000**) + (**900**) + (**50**)

[りゆう]
あわせた数とかいてあるので，たし算になる。6000 と 900 と 50 をたすしきになる。

❷ じぶんできめた 4 けたの数で❶のような文と，しきをかきましょう。

[文] （れい）**5832 は，5000 と 800 と 30 と 2 をあわせた数です。**

[しき] （れい）**5832 = 5000 + 800 + 30 + 2**

❸ つぎの数の大小をくらべ，>かくをつかってあらわしましょう。くらべ方を 3 人にせつめいし，なっとくしてもらえたら，サインをもらいましょう。

(1) 7000 (**>**) 6820
千のくらいでくらべる。

千のくらい	百のくらい	十のくらい	一のくらい
7	0	0	0
6	8	2	0

(2) 5039 (**<**) 5041
十のくらいでくらべる。

千のくらい	百のくらい	十のくらい	一のくらい
5	0	3	9
5	0	4	1

(3) 3396 (**<**) 3401
百のくらいでくらべる。

千のくらい	百のくらい	十のくらい	一のくらい
3	3	9	6
3	4	0	1

✏️ ともだちのサイン

10000 までの数 ④

___くみ ___ばん 名まえ___

🏁 ゴール
ぜんいんが，1000 より大きい数を，100 が何こあつまっているか せつめいできる。

❶ 100 を 15 こ あつめた数はいくつか，かきましょう。
(**1500**)

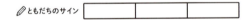

❷ 1400 は 100 を何こ あつめた数か かんがえ，答えとそのりゆうをかきましょう。3 人にせつめいし，なっとくしてもらえたら，サインをもらいましょう。

1400 は 100 を (**14**) こ あつめた数です。

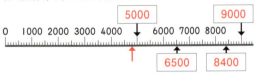

[りゆう]
1400 を 1000 と 400 にわける。1000 は 100 を 10 こ あつめた数。
400 は 100 を 4 こ あつめた数。あわせて 14 こ あつめた数ということができる。

✏️ ともだちのサイン

❸ つぎの（　）にあてはまる数をかきましょう。

(1) 100 を 38 こ あつめた数は，(**3800**) です。
(2) 100 を 70 こ あつめた数は，(**7000**) です。
(3) 100 を 49 こ あつめた数は，(**4900**) です。
(4) 5900 は，100 を (**59**) こ あつめた数です。
(5) 2000 は，100 を (**20**) こ あつめた数です。
(6) 8300 は，100 を (**83**) こ あつめた数です。

10000 までの数 ⑤

___くみ ___ばん 名まえ___

🏁 ゴール
ぜんいんが，数の線があらわす数のよみ方を せつめいすることが できる。

❶ 数の線を見て，めもりがあらわす数を かきましょう。

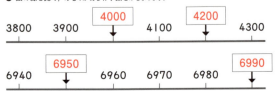

5000 **9000**
6500 **8400**

❷ ❶の数の線に 4800 をあらわすめもりに，↑をかきましょう。
なぜ，そこが 4800 をあらわすか，りゆうをかきましょう。3 人にせつめいし，なっとくしてもらえたら，サインをもらいましょう。

大きなめもりは 1 めもりで 1000 をあらわしている。中くらいの大きさのめもりは，500 をあらわしている。いちばん小さいめもりは 100 をあらわしている。4000 から中くらいのめもりをすぎて 3 めもりすすんでいるところが 4800 になる。

✏️ ともだちのサイン

❸ 数の線を見て，めもりがあらわす数をかきましょう。

3800 3900 **4000** 4100 **4200** 4300

6940 **6950** 6960 6970 6980 **6990**

10000 までの数 ⑥

___くみ ___ばん 名まえ___

🏁 ゴール
ぜんいんが，1 万や 4 けたの数をいろいろな見方でいうことが できる。

❶ 1 万はどんな数か。つぎのかき出しにあうように，せつめいをしましょう。

(1) 1000 を
10 こあつめた数。

(2) 9999 より
1 大きい数。

(3) 100 を
100 こあつめた数。

❷ ❶のほかに，1 万をどんな数ということができるか，じぶんでかんがえてかきましょう。

（れい）**9000 より 1000 大きい数。**

❸ 4700 をいろいろな見方でいいます。（　）にあてはまる数をかきましょう。

(1) 4700 は (**4000**) と 700 をあわせた数です。
(2) 4700 は，5000 より (**300**) 小さい数です。
(3) 4700 は，100 を (**47**) こ あつめた数です。
(4) (1)のことばをしきにして…4700 = (**4000**) + (**700**)

❹ 5500 を 3 とおりの見方でかきましょう。3 人にせつめいし，なっとくしてもらえたら，サインをもらいましょう。

・**5500 は，5000 と 500 をあわせた数です。**
・**5500 は，6000 より 500 小さい数です。**
・**5500 は，100 を 55 こあつめた数です。**

✏️ ともだちのサイン

長さ 1

___くみ ___ばん 名まえ___

ゴール
ぜんいんが，長さをmをつかってあらわすことが できる。

❶ りょう手をひろげて，テープにうつしましょう。テープの長さをはかり，○○cmとあらわしましょう。
［じぶんのりょう手をひろげた長さ］　(れい) 130 cm

❷ ( )にあてはまることばや きごう，数をかきましょう。
　　　　　　　　　　［ことば］　　　　　　［きごう］
100 cmを1 (メートル) といい，1 (m) とかきます。
mも長さをあらわすたんいです。2 mは，(200) cmです。

❸ じぶんのりょう手をひろげた長さを○m○cmとあらわしましょう。
また，そうかんがえたりゆうをかきましょう。3人にせつめいし，なっとくしてもらえたら，サインをもらいましょう。
［じぶんのりょう手をひろげた長さ］　(れい) 1 m 30 cm
［りゆう］
130 cmを100 cmと30 cmにわけてかんがえる。
100 cmは1 mなので，30 cmとあわせて1 m 30 cmとあらわすことができる。

✎ともだちのサイン ☐ ☐ ☐

❹ ( )にあてはまる数をかきましょう。
(1) 1 m = (100) cm　(2) 300 cm = (3) m
(3) 2 m 50 cm = (250) cm
(4) 180 cm = (1) m (80) cm

長さ 2

___くみ ___ばん 名まえ___

ゴール
ぜんいんが，みのまわりのものの長さをはかり，○m○cmとあらわすことが できる。

❶ 下のテープの長さを，2つのいい方（○○cm，○m○cm）であらわしましょう。

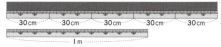

［テープの長さ］
(150) cm．
(1) m (50) cm

❷ 1 mの長さをよそうして，テープを1本きりましょう。

❸ 1 mものさしをつかって，きったテープの長さをはかりましょう。
［テープの長さ］
( ) m ( ) cm

❹ 1 mものさしをつかって，みのまわりにあるものの長さを3ついじょうはかりましょう。
はかったら，3人にしょうかいし，サインをもらいましょう。

はかったもの	長さ	
①	m	cm
②	m	cm
③	m	cm

✎ともだちのサイン ☐ ☐ ☐

❺ こくばんのよこの長さをはかったら，1 mものさしでちょうど4つ分でした。
よこの長さは，何mですか。また，何cmですか。
(1) 何m (4 m)　(2) 何cm (400 cm)

長さ 3

___くみ ___ばん 名まえ___

ゴール
ぜんいんが，○m○cmの長さのたし算や ひき算の計算のしかたを せつめいすることが できる。

❶ 3 m 30 cmのぼうに，2 mのぼうをつなぎます。つないだ長さは，何m何cmになりますか。しき，答え，計算のしかたをかきましょう。計算のしかたには，「たんい」ということばをかならずつかいましょう。
［し き］ 3 m 30 cm + 2 m　［答 え］ 5 m 30 cm
［計算のしかた］
長さの計算は，おなじたんいどうしを計算する。3 m 30 cmを3 mと30 cmにわける。3 m + 2 m = 5 m。5 mと30 cmをあわせて5 m 30 cm。

❷ 3 m 30 cmのぼうと2 mのぼうのちがいは，何m何cmになりますか。しき，答え，計算のしかたをかきましょう。計算のしかたには，「たんい」ということばを かならずつかいましょう。
［し き］ 3 m 30 cm − 2 m　［答 え］ 1 m 30 cm
［計算のしかた］
長さの計算は，おなじたんいどうしを計算する。3 m 30 cmを3 mと30 cmにわける。3 m − 2 m = 1 m。1 mと30 cmをあわせて1 m 30 cm。

❸ ❶❷の計算のしかたを3人にせつめいし，なっとくしてもらえたら，サインをもらいましょう。
✎ともだちのサイン ☐ ☐ ☐

❹ 7 m 50 cmのひもから6 mきりとると，のこりは何m何cmになりますか。
［し き］ 7 m 50 cm − 6 m　［答 え］ 1 m 50 cm

❺ ( )にあてはまる長さのたんいをかきましょう。
(1) えんぴつの長さ… 16 (cm)　(2) ろうかのはば… 3 (m)
(3) 計算のドリルのあつさ… 3 (mm)

たし算とひき算 1

___くみ ___ばん 名まえ___

ゴール
ぜんいんが，テープ図をつかい，たし算になるか，ひき算になるか，せつめいすることが できる。

校ていで，子どもが35人あそんでいます。そのうち，女の子は16人で，男の子は19人です。このことを図にあらわしましょう。

❶ 図の( )に，あてはまる数をかきましょう。

あそんでいる (35) 人
女の子 (16) 人　男の子 (19) 人

❷ 上の図の人数の，どれかを□でかくし，その数をもとめるしきと，答えをかきましょう。
(1) あそんでいる子どもの人数がわからないとき
あそんでいる (□) 人
女の子 (16) 人　男の子 (19) 人
［し き］ 16 + 19 = 35　［答 え］ 35人

(2) 女の子の人数がわからないとき
あそんでいる (35) 人
女の子 (□) 人　男の子 (19) 人
［し き］ 35 − 19 = 16　［答 え］ 16人

(3) 男の子の人数がわからないとき
あそんでいる (35) 人
女の子 (16) 人　男の子 (□) 人
［し き］ 35 − 16 = 19　［答 え］ 19人

❸ どんなときに たし算のしきになり，どんなときに ひき算のしきになるか，テープ図をつかい，3人にせつめいし，なっとくしてもらえたら，サインをもらいましょう。
✎ともだちのサイン ☐ ☐ ☐

147

答え

たし算とひき算 2

_____くみ _____ばん 名まえ_____

🏁ゴール
ぜんいんが，文しょうもんだいをテープ図をかいて とくことができる①。

❶ ジュースが 16 本あります。何本か かってきたので，ぜんぶで 24 本になりました。かってきたジュースは，何本ですか。

(1) わかっている数を図の（ ）にかきましょう。わからない数は□をかきましょう。

(2) テープ図をもとにして，しきと答えをかきましょう。

[しき] 24 − 16 = 8   [答え] 8本

❷ 子どもが 29 人あそんでいます。何人かきたので，ぜんぶで 40 人になりました。子どもは，あとから何人きましたか。テープ図をかいてかんがえ，しき，答えをかきましょう。なぜそのようなテープ図，しきになったか，3 人にせつめいし，なっとくしてもらえたら，サインをもらいましょう。

テープ図を見ると，ぜんぶの人数から あそんでいた人数をひけば，あとからきた人数になることがわかる。

[しき] 40 − 29 = 11   [答え] 11 人

✏ともだちのサイン

たし算とひき算 3

_____くみ _____ばん 名まえ_____

🏁ゴール
ぜんいんが，文しょうもんだいをテープ図をかいて とくことができる②。

❶ テープが 15 m あります。何 m かつかって，まだ 6 m のこっています。つかったテープは何 m ですか。

(1) 「はじめにあった」，「つかった」，「のこり」ということばをつかって，もんだい文にあうようにテープ図をかきましょう。

(2) テープ図をもとにして，しきと答えをかきましょう。

[しき] 15 − 6 = 9   [答え] 9 m

❷ あめが 27 こ あります。いくつかあげて，まだ 9 こ のこっています。あげたあめは，何こですか。テープ図をかいてかんがえ，しき，答えをかきましょう。なぜそのようなテープ図，しきになったか，3 人にせつめいし，なっとくしてもらえたら，サインをもらいましょう。

テープ図を見ると，はじめにあった あめから のこりのあめをひけば，あげたあめの数になることがわかる。

[しき] 27 − 9 = 18   [答え] 18 こ

✏ともだちのサイン

たし算とひき算 4

_____くみ _____ばん 名まえ_____

🏁ゴール
ぜんいんが，文しょうもんだいをテープ図をかいて とくことができる③。

❶ いろがみが何まいかあります。19 まいつかったので，のこりが 13 まいになりました。いろがみは，はじめ何まいありましたか。

(1) もんだい文にあうように，テープ図をかきましょう。

(2) テープ図をもとにして，しきと答えをかきましょう。

[しき] 19 + 13 = 32   [答え] 32 まい

❷ りんごが何こかあります。14 こ たべたので，のこりのりんごが 27 こになりました。りんごは，はじめ何こ ありましたか。テープ図をかいてかんがえ，しき，答えをかきましょう。なぜそのようなテープ図，しきになったか，3 人にせつめいし，なっとくしてもらえたら，サインをもらいましょう。

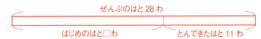

テープ図を見ると，たべたりんごと のこりのりんごをたすと，はじめにあったりんごの数になることがわかる。

[しき] 14 + 27 = 41   [答え] 41 こ

✏ともだちのサイン

たし算とひき算 5

_____くみ _____ばん 名まえ_____

🏁ゴール
ぜんいんが，文しょうもんだいをテープ図をかいて とくことができる④。

❶ バスに何人かのっています。バスていで 18 人のってきたので，みんなで 30 人になりました。バスには，はじめ何人のっていましたか。

(1) もんだい文にあうように，テープ図をかきましょう。

(2) テープ図をもとにして，しきと答えをかきましょう。

[しき] 30 − 18 = 12   [答え] 12 人

❷ はとが何わか います。11 わ とんできたので，ぜんぶで 28 わになりました。はとは はじめに何わ いましたか。テープ図をかき，しきと答えをかきましょう。また，なぜそのようなテープ図，しきになったのか，3 人にせつめいし，なっとくしてもらえたら，サインをもらいましょう。

テープ図を見ると，ぜんぶのはとから とんできたはとをひけば，はじめのはとの数になることがわかる。

[しき] 28 − 11 = 17   [答え] 17 わ

✏ともだちのサイン

たし算とひき算 6

___くみ ___ばん 名まえ_____

🏁 ゴール
ぜんいんが、数をじぶんできめて、もんだいをつくることができる。

❶ もんだい文の（ ）に入る数をじぶんできめて、かきましょう。
また、もんだい文にあうように、テープ図をかき、しきと答えをかきましょう。

[もんだい文]
クッキーが何まいかあります。(15)まいくばったので、のこりが7まいになりました。クッキーは、はじめ何まいありましたか。

[テープ図]

[しき] 15 + 7 = 22　　[答え] 22まい

❷ もんだい文の（ ）に入る数をじぶんできめて、かきましょう。また、もんだい文にあうように、テープ図をかき、しきと答えをかきましょう。なぜそのようなテープ図、しきになったのか、3人にせつめいし、なっとくしてもらえたら、サインをもらいましょう。

[もんだい文]
シールが25まいあります。何まいかもらったので、ぜんぶで(42)まいになりました。もらったシールは何まいですか。

[テープ図]

[しき] 42 − 25 = 17　　[答え] 17まい

✏ ともだちのサイン

分数 2

___くみ ___ばん 名まえ_____

🏁 ゴール
ぜんいんが、分数を正しくよみとることができる。

❶ つぎの、していされた大きさだけ、いろをぬりましょう。
(1) もとの大きさの $\frac{1}{2}$
(2) もとの大きさの $\frac{1}{4}$

❷ おりがみを3かいおり、おなじ大きさになるようにわけましょう。できた形の大きさは、もとのおりがみの大きさの、何分の一といえばよいか、かきましょう。なぜ、そういえるのか「おなじ大きさ」「1つ分」ということばをつかってかきましょう。3人にせつめいし、なっとくしてもらえたら、サインをもらいましょう。

[せつめい]
もとの大きさの $\frac{1}{8}$ といえばよい。
できた形の1つは、もとの大きさをおなじ形に8つにわけたうちの1つ分の大きさになっているから。

✏ ともだちのサイン

❸ いろのついたところは、もとの大きさの何分の一か、かきましょう。

(1) 　(2) 　(3)

($\frac{1}{8}$ (八分の一))　($\frac{1}{4}$ (四分の一))　($\frac{1}{2}$ (二分の一))

分数 1

___くみ ___ばん 名まえ_____

🏁 ゴール
ぜんいんが、$\frac{1}{2}$、$\frac{1}{4}$ の大きさについてしり、せつめいすることができる。

❶ おりがみをおなじ大きさに2つにわけます。どのようなわけ方があるでしょうか。直線のひき方を、4とおりかんがえて、直線をかきましょう。

❷ もとの大きさの $\frac{1}{2}$ (二分の一)とは、どのような大きさをいみしているか、「おなじ大きさ」「1つ分」ということばをつかってかきましょう。

もとの大きさを、おなじ大きさに2つにわけたうちの1つ分の大きさ。

❸ おりがみを2かいおり、おなじ大きさになるようにわけましょう。できた形の大きさは、もとのおりがみの大きさの、何分の一といえばよいか、かきましょう。なぜそういえるのか「おなじ大きさ」「1つ分」ということばをつかってかきましょう。3人にせつめいし、なっとくしてもらえたら、サインをもらいましょう。

[答え] $\frac{1}{4}$ (四分の一)

もとの大きさを、おなじ大きさに4つにわけたうちの1つ分の大きさになっているから。

✏ ともだちのサイン

❹ つぎの、していされた大きさだけ、いろをぬりましょう。
(1) もとの大きさの $\frac{1}{2}$
(2) もとの大きさの $\frac{1}{4}$

はこの形 1

___くみ ___ばん 名まえ_____

🏁 ゴール
ぜんいんが、はこの面の形や面の数をせつめいすることができる。

❶ つくりたいはこを1つきめ、はこのすべてのたいらなところを あつがみにうつしましょう。

❷ はこの形でたいらなところを面といいます。うつしとった面の形は、何という四角形ですか。
面の形 (長方形)

❸ 面はいくつありますか。また、おなじ形の面は、いくつずつありますか。
面の数 (6つ)　おなじ形の面 (2つずつ)

❹ さいころの面の形を、かみにうつしましょう。面の数や形など、はこの形をうつしとった面との、おなじところやちがうところをかきましょう。3人にせつめいし、なっとくしてもらえたら、サインをもらいましょう。

面の数は、はこと さいころ どちらも6つある。
はこは、面の形が 長方形だけど、さいころは面の形が正方形になっている。はこは、おなじ形の面が2つずつ3くみあるが、さいころはすべての面の形がおなじになっている。

✏ ともだちのサイン

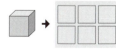

149

答え

はこの形 2

___くみ ___ばん 名まえ___

🏁 ゴール
ぜんいんが，はこをつくるための面のならびかたを せつめいすることが できる。

❶ ぜんかい うつしとった，はこの面の形をテープでつないで，ひらいた図をつくりましょう。

❷ 面のならび方で，気づいたことを図にあらわしたり，ことばでかいたりしましょう。3人にせつめいし，なっとくしてもらえたらサインをもらいましょう。

［せつめい］

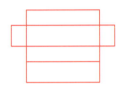

おなじ長さのへんは かさなりあうようになっている。
おなじ大きさの面は となりあわずに，あいだにべつの面をはさんでいる。

✏️ ともだちのサイン

❸ ぜんかい うつしとったさいころの面の形をテープでつないで，ひらいた図をつくりましょう。

❹ ❶❸でつくったひらいた図をくみ立てて，はこをつくりましょう。

はこの形 3

___くみ ___ばん 名まえ___

🏁 ゴール
ぜんいんが，辺や ちょう点が，はこにいくつあるか，せつめいすることが できる。

ひごとねんど玉で，図のような はこの形をつくります。

❶ 何cmのひごが何本ひつようか，ひょうにかきましょう。

ひごの長さ	ひごの本数
4 cm	4 本
6 cm	4 本
3 cm	4 本

❷ ねんど玉は何こひつようか，かきましょう。

　　　　　　　8　　　こ

❸ 辺，ちょう点のことばのせつめいをかきましょう。
　また，はこの形には，辺とちょう点がそれぞれいくつあるか，かきましょう。

［辺］ はこの形のひごのぶぶん。
（　12　）本

［ちょう点］ はこの形のねんど玉のぶぶん。
（　8　）こ

❹ ひごとねんど玉で，はこの形をつくりましょう。

❺ ひごとねんど玉で，さいころの形をつくるとき，ひごは何本，ねんど玉は何こひつようか，かきましょう。かんがえたりゆうを 3人にせつめいし，なっとくもらえたら，サインをもらいましょう。

・ひご　（　12　）本
・ねんど玉（　8　）こ

(れい) さいころの形も，はこの形と 面の数が 6でおなじなので，ひごも ねんど玉も はこの形とおなじだけ ひつようになる。

✏️ ともだちのサイン

協　力	株式会社 教育同人社
編　集	ナイスク（http://naisg.com）
	松尾里央　高作真紀　鈴木英里子　杉中美砂　谷口蒼
装　丁	mika
本文フォーマット/デザイン・DTP	佐々木志帆（ナイスク）
イラスト	おたざわゆみ　久保田彩子　有限会社 熊アート　株式会社 バージョン

小学校　算数
『学び合い』を成功させる課題プリント集　2年生

2018（平成30）年4月16日　初版第1刷発行

編著者	西川　純・木村　薫
発行者	錦織圭之介
発行所	株式会社 東洋館出版社
	〒113-0021 東京都文京区本駒込 5-16-7
	営業部　TEL 03-3823-9206 / FAX 03-3823-9208
	編集部　TEL 03-3823-9207 / FAX 03-3823-9209
	振　替　00180-7-96823
	http://www.toyokan.co.jp/

印刷・製本　藤原印刷株式会社
ISBN978-4-491-03520-8
Printed in Japan